**Uma Maratona
de Sonhos Reais**

Uma Maratona de Sonhos Reais

42 Histórias Inspiradoras

Cristiano Goldenberg

EDITORA ATHENEU

São Paulo —   Rua Jesuíno Pascoal, 30
Tel.: (11) 2858-8750
Fax: (11) 2858-8766
E-mail: atheneu@atheneu.com.br

Rio de Janeiro — Rua Bambina, 74
Tel.: (21) 3094-1295
Fax: (21) 3094-1284
E-mail: atheneu@atheneu.com.br

Belo Horizonte — Rua Domingos Vieira, 319 – conj. 1.104

Produção Editorial: Fernando Palermo
Capa: Equipe Atheneu

Crédito Fotos da Capa/Orelha do livro: Vivian Benford (vivianbenford@gmail.com)

CIP-BRASIL. CATALOGAÇÃO NA PUBLICAÇÃO
SINDICATO NACIONAL DOS EDITORES DE LIVROS, RJ

G566m

Goldenberg, Cristiano
Uma maratona de sonhos reais : 42 histórias inspiradoras / Cristiano Goldenberg. - 1. ed. - Rio de Janeiro : Atheneu, 2018.
: il.

Inclui bibliografia
ISBN 978-85-388-0841-1

1. Caridade. 2. Assistência econômica. 3. Assistência humanitária. 4. Ação social. I. Título.

17-44601

CDD: 361.706
CDU: 364.6

08/09/2017   13/09/2017

GOLDENBERG, C.
Uma Maratona de Sonhos Reais – 42 Histórias Inspiradoras

© Direitos reservados à EDITORA ATHENEU – São Paulo, Rio de Janeiro, Belo Horizonte, 2018.

Agradecimentos

A todos que ilustram as páginas seguintes
deste livro, que dedicaram parte do seu
tempo para conversar comigo sobre cada um
dos capítulos. Vocês me fazem acreditar que
o amanhã será sempre melhor do que o hoje.
Vocês são inspiradores!
Parabéns e muito obrigado!

Dedicatória

Às pessoas que ajudam diariamente a transformar o mundo num lugar melhor para todos. Às pessoas que tiram o olhar do "próprio umbigo" para olhar para os outros. Gente que tira projetos do papel, da gaveta, que realiza sonhos e que sabe que enquanto não estiver bom para todos, não estará bom para ninguém.

Apresentação

A superação pode começar com a dor, a tristeza e o sofrimento. Mas o trabalho pode transformar essa situação e apontar o caminho que leva à generosidade, à solidariedade, à alegria e ao amor. Esta é a síntese do novo livro de Cristiano Goldenberg, como ele, mesmo, cita no prefácio. O título é significativo e mostra o quanto o esporte pode ser o pano de fundo de uma vida plena de realizações.

Afinal, "Uma Maratona de Sonhos Reais" apresenta 42 histórias dessa natureza. Uma história para cada quilômetro da maratona, uma das mais nobres provas do programa olímpico.

Importante lembrar que este trabalho é como uma continuação do livro anterior de Cristiano Goldenberg: "KM 19: Onde caí e levantei para recomeçar." Ali o leitor já pôde conhecer uma bela história de solidariedade, quando o autor sofreu uma parada cardiorrespiratória e foi salvo pela ação de diversas pessoas que participavam daquela prova. Não eram pessoas conhecidas. O que as moveu foi o espírito de humanidade.

Na Confederação Brasileira de Atletismo recebemos o livro. E publicamos uma resenha no número 10 da PODIUM, a Revista do Atletismo Brasileiro, em outubro de 2016. Temos uma página na revista, que dedicamos a histórias de superação e inclusão. Ali mostramos o quanto a solidariedade, a boa vontade e o companheirismo podem fazer a diferença. Como fez para o autor, naquele domingo, 12 de abril de 2015.

Cristiano Goldenberg mostra, afinal, o quanto um acidente, como aquele que mudou sua vida, pode abrir a porta para muitas esperanças. E deixar ensinamento, como, ainda no prefácio, ele diz: "Desde aquele dia (do acidente à recuperação), passei a ser um caçador de histórias bonitas e inspiradoras, e quero estar por perto de pessoas que fazem a diferença. Pessoas que não ficam o tempo todo reclamando e colocando a responsabilidade na conta de terceiros. Elas pensam numa solução, "vão lá e executam."

"Vão lá e executam", aí está uma definição para as pessoas que fazem a diferença. Está aí a chave para entender a disponibilidade e a luta daquelas pessoas, entre elas o médico Bruno Bussade, que deixaram a disputa da Meia Maratona Golden Four, para cuidar de alguém que não conheciam. A boa vontade venceu.

Aqui, vale uma observação. Todos os que acompanham a cena das corridas no Brasil sabem que há décadas o número de praticantes aumentou de forma extraordinária. Falam em milhões de corredores nas provas de rua.

Há os corredores de elite, que vivem pelo menos em parte graças aos prêmios oferecidos pelos organizadores. Há os que correm porque, como Cristiano, um dia, sentiram que precisavam deixar o sedentarismo. E iniciam na prática com a orientação adequada. Enfim, há quem decide começar a correr, mas nem um médico consultou antes da decisão.

Então, há o perigo. Pois, se mesmo os que têm a devida orientação estão sujeitos a um eventual mal-estar, os que praticam, ou pretendem começar a praticar, algum tipo de exercício sem o devido preparo, devem buscar informações de profissionais. Com os devidos cuidados, as corridas são benéficas para a saúde física e mental da pessoa.

O autor lembra que, inicialmente, a intenção era fazer um trabalho pensando na meia maratona (21 km) e aí seriam 21 histórias. No entanto, apareceram tantas boas histórias que optou pela maratona e o número de textos dobrou. Isso mostra outro dado interessante, ou seja, muitas coisas, boas e belas, acontecem em nosso País. No entanto, o que vemos na mídia quase sempre é notícia ruim.

Cristiano Goldenberg prova, com este livro, como já havia feito com sua obra anterior, que podemos ver a vida de outra forma. Não se trata de ignorar que se precisa de muitas mudanças para melhorar a nossa realidade. Mas, sim, de ressaltar que já há muita gente que "vai lá, e executa".

Quero, também, agradecer a honrosa oportunidade de fazer a apresentação deste trabalho de Cristiano Goldenberg, editado pela Atheneu. Tenho certeza que será reconfortante para muitos leitores.

José Antonio Martins Fernandes

Presidente da Confederação Brasileira de Atletismo

Prefácio

A ideia deste livro surgiu a partir de uma importante mudança de visão do mundo, ocasionada por uma experiência vivida em 12 de abril de 2015 – narrada no livro *Km 19 – Onde Caí e Levantei para Recomeçar*, lançado no final de julho de 2016.

Desde aquele dia, passei a ser um caçador de histórias bonitas e inspiradoras, e quero estar por perto de pessoas que fazem a diferença. Pessoas que não ficam o tempo todo reclamando e colocando a responsabilidade na conta de terceiros. Elas pensam numa solução, "vão lá" e executam.

Gostaria de falar especialmente da capa do livro. O elevado do Joá é um lugar especial demais para mim. Foi lá que aquela morte súbita abortada sacudiu a minha vida. Eu não podia imaginar que tanta coisa mudaria a partir daquele momento. Com as obras para os Jogos Olímpicos de 2016 no Rio, a pista superior do elevado ganhou uma ciclovia, unindo a Barra da Tijuca a São Conrado. Depois de inaugurada, costumo correr ou pedalar por ali. Todas as vezes que passo pelo elevado – seja de carro, de ônibus, correndo ou de bicicleta – eu sinto algo diferente e me emociono, especialmente quando vai chegando o final da pista, quase entrando no túnel para São Conrado, exatamente na altura do quilômetro 19. É incontrolável. Não há uma única vez que eu não me lembre de tudo e agradeça. Certo dia, reparei que em

15

determinadas partes de toda aquela estrutura as plantas brotam do concreto. – É mato – vão dizer alguns. É... pode ser mato, mas é vida. E, para mim, isso é bem significativo. E bem perto daquele trecho foi onde escolhi para fazer a foto que ilustra a capa deste livro. Ela nos mostra que dos terrenos mais áridos e inesperados podem florescer as melhores e mais bonitas histórias.

O projeto inicial era reunir *apenas* 21 histórias sobre solidariedade, respeito, saúde, educação, cidadania, meio ambiente, sustentabilidade, cultura, etc. Seria uma meia maratona de sonhos reais. Mas, felizmente, quando me dei conta já tinha mais do que 21 histórias para contar e não queria deixar nenhuma delas de fora. Foi quando decidi por uma maratona. Importante mencionar que não foi realizado nenhum trabalho de pesquisa para selecionar histórias que fossem mais interessantes, mais comoventes ou de maior impacto. O caminho escolhido foi outro. Quis, de algum modo, que essas histórias me chegassem naturalmente. Em apenas três delas eu já participava, as outras 38 fui tomando conhecimento por meio de encontros, leituras, amigos e conhecidos que comentaram, tudo através dessa impressionante rede de contatos da solidariedade. Se você fez as contas, ainda falta uma para completar as 42 – uma história para cada quilômetro. Reservei um capítulo para falar especialmente sobre um projeto que tem como meta disseminar o conhecimento sobre a realização das massagens cardíacas que salvam vidas. Gostaria que muitas outras vidas também pudessem ser salvas como foi a minha, em situações em que a massagem cardíaca seja imprescindível.

Pouco importa se cada uma delas é uma Fundação, uma Associação, um Instituto, uma "Empresa B", um negócio social ou mesmo nada disso. O rótulo é o que menos importa. Todas as histórias têm no "fazer o bem", a espinha dorsal, o elemento de base. É curioso como boa parte das histórias tem a dor, a tristeza e o sofrimento como pontos de partida. Mas, desses sentimentos, surgiram lindos movimentos em direção à generosidade, à solidariedade, à alegria e ao amor, o que corrobora uma teoria de que é justamente quando tudo parece estar perdido que não podemos desistir, pois coisas muito boas estão por acontecer.

Espero que cada uma dessas histórias seja fonte de inspiração para você, leitor. Precisamos, juntos, transformar o mundo num lugar melhor para todos, sobretudo para os menos favorecidos. Se você já arregaça as mangas, parabéns! Você já é parte dessa tão importante corrente. Se ainda não, junte-se a ela! Sempre é tempo.

Venha comigo nessa corrida.

Introdução

Em 1950, éramos 2,5 bilhões de pessoas na Terra. Em 2000, 50 anos depois, já éramos mais de 6 bilhões – o número mais que dobrou. Em 2017, a população já ultrapassou a marca dos 7,5 bilhões e a projeção é que esse número chegue a impressionantes 10 bilhões em 2050, segundo relatório da ONU – a Organização das Nações Unidas. O relatório aponta que o crescimento será maior nos países subdesenvolvidos e em desenvolvimento, sendo mais da metade na África, o continente mais pobre do planeta. Esses dados são claros indicadores do que precisa ser feito para que esse crescimento aconteça de modo equilibrado. Onde os esforços precisam ser concentrados. Como a riqueza precisa ser partilhada. Com o mundo globalizado, não podemos imaginar que o que acontece lá na Eritreia ou no Burundi – países que talvez você nunca tenha ouvido falar, pouco conhecidos, localizados no oeste e na região central da África, respectivamente – não tem impacto sobre a nossa vida onde quer que estejamos. Um levantamento estima que mais de 6 milhões de pessoas vivem na Eritreia e quase 12 milhões vivem no Burundi. É gente que sente fome. Sede. Saudade. Frio. Calor. É gente como a gente. Como eu e como você. O que acontece nesses países não costuma aparecer nos jornais ou na televisão. Mas eles existem.

Em 2016, segundo dados também da ONU, mais de 75% dessas mais de 7,5 bilhões de pessoas do planeta viviam em países

19

subdesenvolvidos e com menos de dois dólares por dia, 22% são analfabetos, metade nunca utilizou um telefone e apenas 25% têm acesso à internet. Se você se sentiu um privilegiado depois de ler isso, você está certo. Posso garantir que você vive com mais de dois dólares por dia, é alfabetizado, utiliza telefone fixo e/ou celular e acessa a internet. E, como privilegiados que somos, podemos fazer muita coisa pelos menos favorecidos.

Em 2015, a ONU divulgou um relatório informando que uma em cada três pessoas no planeta não possui saneamento básico. Isso representa 2,4 bilhões de seres humanos vivendo em condições insalubres. Só para termos uma ideia, esse número equivale a aproximadamente 12 vezes a população inteira do Brasil. Por outro lado, há muito dinheiro circulando pelo mundo. Segundo o Banco Mundial, esse montante seria a soma do PIB – Produto Interno Bruto – de todos os países e chegaria a alcançar impressionantes 50.000.000.000.000 de dólares norte-americanos. Isso mesmo, é muito zero para contar: são 50 trilhões. Como é possível, com tanto dinheiro por aí, ainda existir tanta gente sem saneamento básico vivendo no mundo?

Ah... alguns vão dizer que não têm tempo de fazer alguma coisa pelos menos favorecidos. Aposto que se você se organizar direitinho vai encontrar tempo. O tempo está a nosso serviço e quem decide o que fazer com ele somos nós.

Mas o que faz alguém dedicar parte do seu tempo para alguma causa, para fazer alguma coisa por alguém – muitas vezes desconhecidos – sem necessariamente esperar algo em troca? Destaco o texto do poeta alemão Bertolt Brecht (1898-1956) que fala sobre solidariedade:

> "Primeiro levaram os negros
> Mas não me importei com isso
> Eu não era negro
>
> Em seguida levaram alguns operários
> Mas não me importei com isso
> Eu também não era operário

Depois prenderam os miseráveis
Mas não me importei com isso
Porque eu não sou miserável

Depois agarraram uns desempregados
Mas como tenho meu emprego
Também não me importei

Agora estão me levando
Mas já é tarde.
Como eu não me importei com ninguém
Ninguém se importa comigo."

O poder dessa imensa teia solidária é impressionante. As conexões vão acontecendo naturalmente e algumas histórias chegam, inclusive, a se misturar. E aos poucos elas vão "fazendo barulho" e despertando muita gente pelo caminho. Mas não basta despertar e simplesmente ver: tem que *enxergar* o que está sendo visto. Quando se enxerga de verdade, é impossível não perceber a beleza de tudo.

O amor e a solidariedade são poderosas ferramentas de transformação.

Inspire-se!

Sumário

1 A Voz do Coração, 25

2 Ajudando Crianças a Sorrir, 33

3 Atados, 39

4 Badu Design, 45

5 Bonecas de Propósito, 51

6 Bookshare, 57

7 Caçadores de Pérolas, 63

8 Cantareiros, 69

9 Cinema no Beco, 77

10 Circo Crescer e Viver, 83

11 Down, Música & Amor, 91

12 Endeleza, 97

13 Escola Real Star Dance, 105

14 Espaço Logos, 111

15 Flor Generosa, 117

16 Há Esperança, 123

17 Horta Inteligente, 131

18 Instituto da Criança, 137

19 Instituto Futuro Bom, 145

20 Instituto Lado a Lado pela Vida, 151

21 Instituto Todos com Felipe, 157

22 Make-A-Wish, 165

23 Mão Santa, 173

24 Médicos Sem Fronteiras, 181

25 Meu Copo Eco, 191

26 Mil Orquídeas Marginais, 199

27 NBS Rio+Rio, 203

28 Os Arteiros, 209

29 Papel Semente, 219

30 Pernas, pra Que te Quero!, 225

31 Pipa Social, 229

32 Praças, 235

33 Projeto ReanimAÇÃO, 241

34 Raízs, 249

35 Rede Mulher Empreendedora – RME, 257

36 RUAS, 263

37 Sereias Carecas, 277

38 Smile Train, 283

39 Solar Meninos de Luz, 291

40 TETO, 299

41 Turma do Bem, 307

42 Voz das Comunidades, 315

Posfácio, 319

1 A Voz do Coração

Ela já carrega a paz no nome. Em 2014, Clarissa Paz formou-se em Administração de Empresas aos 23 anos e já trabalhava na área comercial de uma grande multinacional. Ela seguiu o caminho clássico desejado por boa parte daqueles que concluem o curso: um bom salário, reconhecimento e boas chances de crescimento na empresa. Clarissa diz que o binômio "lucro e resultado" estava presente como um mantra em todos os dias de sua vida.

No mesmo ano, a voz da razão começou a dar lugar à voz do coração, que a fez repensar como o trabalho que ela realizava gerava impacto positivo no mundo. Não encontrou resposta. Em algum momento, ela percebeu que trabalhava boa parte do seu dia para gerar mais lucro para que os ricos se tornassem ainda mais ricos. O que era o sonho começou a se tornar um pesadelo para ela. O eco reverberava cada vez mais forte como se convidasse Clarissa a mudar de vida, e ela começou a refletir sobre o que poderia fazer por pessoas que estivessem precisando de ajuda humanitária.

Clarissa começou a se sentir angustiada ao perceber que o mantra "lucro e resultado" era uma regra para o mundo corporativo, e que ela e os colegas de trabalho eram vistos apenas como números. Pesquisou em como adquirir conhecimento do terceiro setor e o universo das organizações não governamentais, e começou uma pós-graduação em Responsabilidade Social e Terceiro Setor.

Durante cinco anos, enquanto ainda trabalhava no mundo corporativo, Clarissa foi voluntária no Orfanato Romão Duarte, onde brincava, dava comida, banho e trocava fraldas de crianças de até 3 anos. Atuou também na ONG Sonhar Acordado, visitando hospitais para brincar com crianças com câncer e outras doenças graves. Durante a pós-graduação, ela tomou conhecimento de uma vaga numa ONG e enviou seu currículo. Em setembro de 2015, ao ter sido aprovada para a vaga, decidiu pedir desligamento da empresa onde trabalhava para seguir por esse caminho. A decisão foi bastante questionada pelos diretores, que acharam uma loucura ela "jogar uma carreira promissora pela janela" para se dedicar ao terceiro setor. Clarissa começou a trabalhar na ONG Pipa Social, ajudando mulheres artesãs de comunidades carentes do Rio de Janeiro a se inserirem no mercado de trabalho. – Foi uma porta de entrada para felicidade, para uma vida de dedicação aos que precisam mais do que eu – diz ela.

Alguns meses depois de ter começado a trabalhar na Pipa Social, ela se sentiu atraída pela África. Mas havia uma certa insegurança em largar o terceiro setor no Brasil com tão pouco tempo de experiência e se aventurar num continente distante e desconhecido. Ela começou a pesquisar sobre trabalho voluntário na África e encontrou a ONG One World Center, baseada nos Estados Unidos, com foco de atuação contra a pobreza na África e no Brasil. O programa "*18 months fighting with the poor*" – algo como "18 meses lutando ao lado dos pobres" chamou a sua atenção. Até que Clarissa começou também a sonhar frequentemente com o continente africano e se enxergar nos sonhos. Ela se inscreveu no programa e foi aprovada.

Antes de ir para a África, em abril de 2016 Clarissa embarcou para os Estados Unidos, onde ficou por seis meses. Lá, ela pode estudar sobre pobreza, desigualdade social, desnutrição, as razões e os impactos das guerras, doenças, refugiados, primeiros socorros e conhecer diferentes maneiras de melhorar a vida de quem precisa. Aprofundar o conhecimento nesses temas para ajudar da melhor maneira possível. Nesse período, Clarissa chegou a uma conclusão que reforçou seu desejo de ir pra África: – A partir do momento que a gente estuda e passa a conhecer melhor sobre o universo da pobreza, se sente responsável de algum modo por fazer alguma coisa – diz ela.

Ela poderia atuar no Brasil, no Malawi, em Moçambique ou na Zâmbia, e ela escolheu o Malawi, que seria seu país de residência pelos seis meses seguintes. Um país da África Oriental que foi colônia do Reino Unido e se tornou independente somente em 1964. Por essa razão, o inglês é o idioma oficial. Em 2015, tinha em torno de 17 milhões de habitantes e registrava uma renda *per capita* anual de pouco mais de 360 dólares norte-americanos e uma expectativa de vida de 62 anos. No relatório de percepção da corrupção da organização Transparency International de 2016, o Malawi ocupava a 120ª posição de um total de 176 países. Quanto pior a posição, maior a percepção de corrupção. O país ainda sofre com epidemias de malária e de Aids. Segundo o Fundo de

O Malawi: pequeno país da África, entre Tanzânia, Zâmbia e Moçambique.

População das Nações Unidas (o UNFPA é o organismo da ONU responsável por questões populacionais), o Malawi tem umas das mais altas taxas de casamento infantil do mundo: 50% das meninas casa antes dos 18 anos de idade, o que justifica a maioria de meninos nas precárias escolas do país. Apesar disso tudo, tem o título de *"The warm heart of Africa"* – O coração quente da África. Clarissa pôde confirmar isso logo nos primeiros dias que chegou ao país. Ela percebeu que eles são extremamente prestativos, hospitaleiros, carinhosos e amorosos, e se sentem honrados com a presença de estrangeiros.

Quando soube que ia para o Malawi, Clarissa começou a pesquisar sobre o país. Ela descobriu que existia um grande campo de refugiados chamado Dzaleka Refugee Camp, criado em 1994 pela ONU e isso foi determinante para ela decidir em qual cidade iria morar: Dowa, que fica cerca de 50 quilômetros de distância da capital Lilongwe. Boa parte dos refugiados vem de países vizinhos, como a República Democrática do Congo (RDC), Burundi, Ruanda, Somália, Etiópia e Eritreia, fugindo de genocídios, da insegurança política, da intolerância religiosa, de guerras e da violência em seus países de origem. Cerca de 80% dos refugiados são da RDC, um país muito rico em recursos naturais, com grandes reservas de diamante, de ouro e de cobre. Estima-se que em 2016 o total de refugiados no Malawi era de 58 mil pessoas, das quais quase 30 mil estão no *Dzaleka Refugee Camp*. A maioria era de crianças, onde apenas 10% tinham acesso à pré-escola. Clarissa conheceu histórias tristes de refugiados órfãos, mutilados, torturados, queimados e traumatizados. Muitos andaram quilômetros de distância para chegar ao Malawi simplesmente por instinto de sobrevivência. A história mais impressionante que ela conheceu foi a de um menino capturado no Congo por um grupo de rebeldes, que foi obrigado a matar toda sua família para não ter para onde voltar, caso não quisesse continuar com eles. Certo dia, os rebeldes pediram que o menino fosse ao mercado comprar comida para todos. Não acreditavam que ele fosse capaz de fugir, justamente por ele não ter mais família. Mas o menino não voltou mais, andou durante alguns dias na floresta, conseguiu caronas na estrada até chegar ao campo de refugiados no Malawi.

Clarissa no campo Dzaleka, ao lado de alguns meninos refugiados, e de uma prima que a visitou durante a experiência.
Crédito da foto: arquivo pessoal de Clarissa.

Nenhum refugiado pode ter um trabalho remunerado no Malawi, apenas a produção e venda de tijolos é permitida, e mesmo assim somente dentro do campo. Para deixarem o campo, mesmo que temporariamente para fazer qualquer coisa que seja, precisam pedir autorização ao governo do país. Dentro do campo, existe um escritório do governo do Malawi, onde são concedidas as autorizações. É preciso preencher um papel solicitando uma permissão de saída, para explicar onde querem ir, o que pretendem fazer e qual a razão. Diariamente, uma grande fila se forma na porta do escritório, já que a população de refugiados do campo chega a 30 mil. Embora tenham recebido abrigo, vivem na pobreza extrema: o Alto Comissariado das Nações Unidas para os Refugiados – ACNUR – fornece apenas uma pequena quantidade de farinha de milho, de farinha de soja, de feijão e de óleo por mês. Antes de se tornar um campo de refugiados, Dzaleka era uma prisão política. De algum modo, pouca coisa mudou.

Clarissa tinha como missão trabalhar com pré-escolas, para crianças de até 6 anos, que são construídas e gerenciadas pelas comunidades e não são reconhecidas pelo governo. Ela encontrou um cenário desolador e ao mesmo tempo surpreendente. Por um lado, viu aulas acontecendo ao ar livre à sombra de árvores e em estruturas precárias, algumas sem teto. Por outro, viu professores voluntários engajados, muitos alunos com desejo de aprender e o lanche das crianças sendo providenciado pelas próprias comunidades que se mobilizavam. Clarissa deu início a uma campanha de arrecadação de doações em dinheiro, divulgando vídeos e fotos das escolas em péssimas condições nas suas redes sociais e pela sua rede de contatos. A campanha foi um sucesso – cerca de 90% das doações foram realizadas por brasileiros – e foi arrecadado o suficiente para construir 14 salas de aula, 15 latrinas, e comprar sementes e fertilizantes para fazerem hortas, utilizadas para própria alimentação das crianças. Algumas outras ações foram realizadas, como reunir grupos de pessoas para debaterem temas, como estresse, traumas e levar refugiados para terem um dia de liberdade fora do campo. Para cada refugiado, Clarissa precisou obter uma autorização do governo. Ela participou da formação de 30 pessoas para atuarem como professores das pré-escolas. Como o governo não apoia o projeto de educação, os professores são voluntários, muitos nunca estudaram, mas têm boa vontade e o desejo de ajudarem as crianças. No Malawi, as comunidades são administradas pelos *chiefs*, que são líderes comunitários, e tudo que é feito na comunidade precisa ser previamente aceito e aprovado por eles. Eles autorizaram as construções, que foram feitas também voluntariamente pelos próprios moradores. Envolver os moradores na construção das salas de aula foi uma maneira de engajá-los no desenvolvimento da própria comunidade em que vivem. Os homens na construção civil e as mulheres buscando água e providenciando alimentos. Clarissa notou uma flagrante definição de papéis e responsabilidades na sociedade no Malawi: homens precisam trabalhar para conseguir dinheiro, enquanto as mulheres cuidam da casa, dos filhos, da comida e da roupa.

Clarissa e um voluntário durante a construção de uma sala de aula: uma conquista.
Crédito da foto: arquivo pessoal de Clarissa.

Uma das latrinas construídas.
Crédito da foto: arquivo pessoal de Clarissa.

Seis meses depois, no final de abril de 2017, Clarissa deixou o Malawi, onde diz ter sido muito feliz. A convivência com o povo de lá fez com que aprendesse um novo significado das palavras amor e fraternidade. Apesar da miséria, eles sempre têm um sorriso estampado no rosto e estão sempre dispostos a partilhar o pouco que têm. – Aprendi que as pessoas boas se atraem e que ao fazermos o bem, somos tomados por um sentimento de euforia difícil de explicar. Estender a mão a quem precisa se levantar. Acho que isso é a felicidade de verdade. O povo do Malawi estará para sempre em meu coração – diz ela. As 14 salas de aula que Clarissa ajudou a construir no Malawi – quatro delas dentro do campo de refugiados – serão acompanhadas pela organização parceira chamada Human People to People, criada no final dos anos 1970, cujo objetivo é lutar contra a pobreza, o colonialismo e o *apartheid*. A One World Center também continuará a enviar voluntários para ajudar a aprimorar o sistema de ensino local. Que as salas de aula cumpram a sua função de levar educação de qualidade a um número cada vez maior de pessoas.

Para completar os 18 meses do programa da ONG One World Center, Clarissa voltou para os Estados Unidos. Uma das tarefas é montar um projeto para contar a experiência vivida no Malawi. Clarissa e os demais voluntários também vão viajar por cidades norte-americanas para compartilhar as histórias com outras pessoas, em apresentações em faculdades, escolas e empresas. Ela tem planos de fazer um documentário para eternizar a experiência e contar tudo que aprendeu por lá.

Clarissa ainda não sabe onde estará morando depois que concluir os últimos seis meses do programa, mas tem uma certeza: continuar trabalhando em projetos sociais para ajudar quem precisa para o resto de sua vida, sobretudo os refugiados. Ela comenta que pretende voltar ao Malawi algum dia. "O amor me move e é por ele que quero lutar por um mundo melhor para todos."

2 Ajudando Crianças a Sorrir

Qual é o valor de um sorriso? Dizem que um sorriso bonito é um cartão de visitas. Mas um sorriso é muito mais do que isso: é questão de saúde, fator que eleva a autoestima, dá confiança, segurança e tem impacto direto na sociabilidade das pessoas, de crianças e adultos.

Desde 2004, o Brasil tem um programa gratuito, chamado *Brasil Sorridente*, através do SUS – Sistema Único de Saúde – considerado o maior programa de saúde bucal do mundo. Em 2013, quando o programa completava dez anos, o governo brasileiro informava que ele beneficiava 70,6 milhões de brasileiros. Antes de esse programa ser implementado, apenas quem podia pagar por uma consulta tinha acesso a atendimento odontológico no Brasil. Isso justifica a importância do SUS para a população brasileira e é apenas um exemplo do que pode ser oferecido por ele no país.

O problema da falta de cuidado com a saúde bucal foi detectado por uma pesquisa realizada pelo Ministério da Saúde, em 2003, que constatou que 20% da população já havia perdido todos os dentes, 13% dos adolescentes nunca haviam ido ao dentista e 45% não possuíam acesso regular a uma escova de dentes.

O programa surtiu efeito. De um cenário desolador em 2003, dez anos depois o Brasil passou a fazer parte de um seleto grupo de países considerados com baixa prevalência de cáries, segundo dados da Organização Mundial de Saúde (OMS).

Em outubro de 2016, eu e o Dr. Bruno Bussade – o médico que salvou minha vida no final daquela corrida – fomos convidados a participar do programa *Encontro com Fátima Bernardes* na TV Globo. O programa de variedades apresenta diversos assuntos e entrevistados, e nós estávamos lá para compartilhar a experiência de solidariedade e falar sobre o livro que eu havia escrito motivado pelo episódio. Ao nosso lado, estava uma moça chamada Amanda Mattos. Antes do início do programa, começamos a conversar e ela contou que era uma dentista no interior do Brasil, da cidade de Caculé, onde tem uma clínica particular. Mas ela também atua no município de Guajeru, no sudoeste da Bahia, distante 657 km da capital Salvador. Em 2016, segundo dados do IBGE, a cidade tinha pouco mais de 8.300 habitantes.

Em 2015, Amanda foi realizar uma ação social de saúde bucal, parte do programa Brasil Sorridente, numa escola pública de Guajeru. Na ação, chamada de PSE – Programa Saúde na Escola, ela ministrou palestras educativas e ensinou técnicas de escovação dos dentes para os pequenos. Ryan, um menino de 5 anos, chamou a atenção dela, pelas precárias condições dos dentes. Ele tinha alguns restos radiculares na arcada inferior e na superior já havia perdido todos os dentes de leite, mas não havia sinais de dentes definitivos nascendo saudáveis. No final da ação, Amanda conversou com a professora do menino, informando que gostaria de conversar com a mãe dele. Como a cidade é pequena, o recado era para que a mãe dele a procurasse no posto de saúde. Os pais de Ryan contaram que ele tinha perdido toda a dentição aos 3 anos de idade por sofrer de cárie precoce na infância. Na época, Amanda recomendou à mãe do menino que ele fizesse um tratamento, mas ela achou que isso o faria reviver o trauma da perda dos dentes. Um ano mais tarde, a mãe do menino começou a trabalhar como auxiliar de limpeza no mesmo posto de saúde em que Amanda trabalhava: não foi por acaso! Nesse período, o menino sentiu dor num dos dentes que restaram da arcada inferior e precisou de atendimento. Era uma nova oportunidade de Amanda convencer a mãe de que o menino precisava de um tratamento de reabilitação que o permitisse voltar a sorrir. E dessa vez ela topou.

Porém, o posto de saúde não oferecia esse tratamento gratuito, e a mãe do menino não tinha dinheiro para pagar o tratamento. Amanda não pensou duas vezes: ofereceu realizar o tratamento de graça. "Tenho uma clínica particular em Caculé. Trazia os materiais para Guajeru e fui construindo a prótese." Quando Amanda encontrou Ryan no consultório, perguntou o que ele queria ganhar de presente no Dia das Crianças. "Dentes iguais aos dos meus colegas" – foi a resposta. Ela correu contra o tempo para finalizar o tratamento até outubro. Com o tratamento finalizado, Amanda foi testemunha da transformação que aconteceu: o menino sorriu e começou a chorar quando se viu no espelho com dentes novos. "Choramos juntos com ele. Foi emocionante" – relata Amanda. Ela sabia que estava devolvendo muito mais do que os dentes dele.

Amanda realiza trabalhos voluntários desde que se formou na universidade em 2012. Ela é coordenadora, na região onde mora, do projeto *Dentista do Bem*, parte da *Turma do Bem*, organização idealizada pelo dentista Fábio Bibancos. Ela está encarregada de

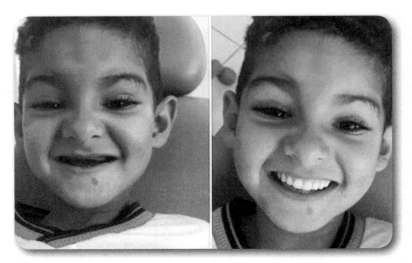

Ryan em dois momentos: antes e depois do tratamento.
Crédito das fotos: arquivo pessoal de Amanda.

apresentar o projeto para dentistas da região. Essa iniciativa consiste em atender gratuitamente alguns casos de crianças e jovens de baixa renda, entre 11 e 17 anos, em consultórios dentários privados. Os pacientes são selecionados por uma triagem realizada em escolas públicas ou instituições sociais. Os casos mais graves têm prioridade. Amanda também participa de outras ações solidárias. Uma delas foi parte do *Sertão Solidário*, idealizado em 2015 pela Dra. Marcela Marques, na época ainda estudante de Medicina, e pelo Dr. Manoel Lescano, médico e professor, que reuniram amigos para engajá-los numa ação social. Cerca de 200 profissionais realizaram um dia inteiro de consultas e procedimentos de saúde diversos, quando mais de 1.000 pessoas foram atendidas gratuitamente.

O que motivou Amanda a oferecer o tratamento gratuito ao menino? Ela não recebeu nenhum real por isso. Então, não foi por dinheiro, obviamente. Amanda foi movida por amor. Ela imaginou que o menino teria dificuldades para realizar o sonho de sorrir como seus coleguinhas, viu que possuía o conhecimento necessário para realizar o sonho dele e propôs uma solução para o caso. A expressão de felicidade no rosto do menino no final do tratamento fez tudo valer à pena. O que Amanda recebeu em troca? Amor também. É isso que faz o mundo girar.

Dra. Amanda Mattos com Ryan: alegria estampada nos olhos.
Crédito da foto: Aloísio Costa.

Não foi apenas com o menino que ajudou a sorrir novamente que Amanda se deu conta de que são as pequenas ações que fazem a diferença no mundo. Ela se lembra de uma situação que presenciou no centro histórico de Salvador há alguns anos: "Notei um morador de rua dividindo sua caixa de papelão com outro morador de rua. Parecia que era tudo que ele tinha, enquanto o outro não tinha nada." Ela diz que espera estar sempre cercada de pessoas solidárias, dispostas a ajudar quem precisa. Pelo visto, ela não está sozinha.

3 Atados

Fazer o bem faz bem para quem faz o bem. A frase parece estranha, mas é real. Existem inúmeros estudos que defendem essa teoria. Alguns chegam a afirmar que fazer o bem é bom para o coração, melhora o sistema imunológico e aumenta a expectativa de vida. Ao perceber a alegria, a gratidão e a felicidade daqueles que estão sendo ajudados, há uma liberação de endorfina pelo cérebro, responsável pela sensação de prazer. A questão fica mais flagrante em situações de emergência e calamidade, quando a dor das pessoas é evidente. Nesses casos, há uma mobilização em massa com o objetivo de ajudar a quem precisa urgentemente de ajuda. Mas é possível — e ainda melhor — fazer o bem de um outro modo, sem que exista uma situação emergencial ou de calamidade. Há muita gente precisando de ajuda todos os dias e muita gente querendo ajudar. E como juntar pessoas que querem fazer o bem, mas que não sabem exatamente "o quê" nem "como"? Não têm nem ideia por onde começar?

Em 2012, dois estudantes de Administração da Universidade de São Paulo (USP) conversavam sobre a questão da conexão das pessoas. Eles falavam sobre possibilidades de empreender e pensaram numa rede que conectasse necessidades de pessoas comuns. Eram Luís Madaleno e Daniel Morais. Eles comentaram a ideia com outros dois amigos — Bruno Tataren e André Cervi — e a ideia da conexão das pessoas com viés social acabou surgindo, transformando a ideia inicial de trabalhar as demandas de pessoas em demandas de projetos sociais. A partir daí, eles se dividiram e, em abril de 2012, foram conhecer diversos projetos sociais para avaliar o impacto de cada um deles na sociedade. Chegaram a visitar 80 projetos. Um deles em especial comoveu a todos: a ONG Adus, que auxilia refugiados no Brasil no processo de reintegração para uma retomada da vida. Infelizmente, muitos desses refugiados acabam realizando trabalhos degradantes, em condições sub-humanas e o papel da Adus é combater esse tipo de coisa e oferecer um trabalho e uma vida digna para esses refugiados. A partir daí, muito inspirados, eles criaram o *site* do *Atados* em outubro de 2012, uma plataforma social que conecta pessoas, organizações e projetos, facilitando o engajamento nas mais diversas possibilidades de voluntariado. Inicialmente, o *site* já contava com 70 projetos e 150 ações necessitando de voluntários, apenas na cidade de São Paulo. Na época da criação do Atados, Luís, Daniel, Bruno e André tinham emprego. Durante o processo de criação do Atados, todos já tinham pedido demissão e se dedicaram exclusivamente ao projeto.

A ideia do Atados é não somente despertar naqueles que podem ajudar a questão do "fazer o bem", mas principalmente trabalhar o engajamento dos voluntários nas causas abraçadas. O trabalho voluntário exige compromisso e comprometimento. E o que não falta são opções para ajudar: português para refugiados que estão no Brasil, oficina de artesanato, contadores de histórias para crianças, acompanhantes de idosos, educação física e prática de exercícios, fisioterapia, aulas de música, de dança, de computação, fotografia e tantas outras que estão disponíveis no *site* para consulta.

Mesmo com pouco tempo de existência, algumas ações já foram marcantes. Eles acabaram descobrindo pela mãe do Luís, que já trabalhava como voluntária em um asilo em São Paulo, que dois idosos se casariam por lá: a Dona Isabel e o Seu Agenor. Com a ajuda de 40 voluntários, organizaram uma festa de casamento com direito a DJ, fotógrafo, vídeo e presentes. O casamento acabaria acontecendo, mas provavelmente sem tanta animação, sem uma festa com tanta gente, sem música com DJ, sem fotos com fotógrafo e sem tantos presentes. Outra ação, realizada em conjunto com a ONG Adus em julho de 2015, foi a Copa do Mundo dos Refugiados. Foi um evento que reuniu 50 voluntários que organizaram seis times de futebol de diferentes países, com refugiados da Síria, da Costa do Marfim, do Haiti, do Congo e da Colômbia. Mais de 100 refugiados participaram e cerca de 300 brasileiros foram prestigiar o evento. Um encontro para proporcionar saúde, festa, integração e alegria para refugiados que perderam tudo em seus países de origem, muitos perseguidos ou fugidos de conflitos e guerras.

Da feliz experiência da Copa do Mundo dos Refugiados, nasceu, no mesmo ano, o projeto *Abraço Cultural*, para que o apoio aos refugiados não fosse apenas num determinado evento isolado, mas acontecesse de modo mais perene para que a integração deles com a sociedade brasileira fosse mais fácil. Quarenta refugiados atuam como professores e dão aulas em seus idiomas de origem: francês, espanhol, inglês e árabe. A proposta é promover a troca de experiências entre refugiados e brasileiros e a geração de

Dona Isabel e Seu Agenor, no dia do casamento organizado pelo Atados.
Crédito da foto: arquivo do Atados.

Registro da Copa do Mundo dos Refugiados: evento de integração de sucesso.
Crédito da foto: arquivo do Atados.

renda para esses refugiados, que chegam ao país sem documentos e, sem condições de conseguir um emprego que garanta direitos trabalhistas, acabam infelizmente realizando trabalhos escravos. Eles são remunerados pelas aulas que ministram e também acabam aprendendo o português. Desde 2015, mais de 2 mil pessoas já tiveram aulas com os professores refugiados.

O Dia Mundial das Boas Ações existe desde 2007, idealizado pela empresária e filantropa Shari Arison, através da ONG Ruach Tova, que promove o voluntariado em Israel. Ela acredita que se as pessoas pensarem, falarem e fizerem coisas boas, os círculos de bondade crescerão no mundo. Dez anos depois, o evento já acontece simultaneamente em mais de 90 países e desde 2016 também no Brasil, sob a responsabilidade do Atados. Apesar de se chamar Dia das Boas Ações, trata-se de um final de semana que acontece em São Paulo, Rio de Janeiro, Brasília e outras 37 cidades no país, com diversas atividades cujo objetivo é despertar nas pessoas o desejo de fazer o bem.

Logo do projeto: "Somos o que fazemos para transformar o que somos".

Essa conexão promovida pelo Atados ajuda a alimentar uma rede de pessoas menos individualistas, que têm em comum a busca do bem coletivo e da harmonização das nossas relações – com nós mesmos e com o mundo a nossa volta.

Em maio de 2017 o Atados contava com mais de 58 mil pessoas inscritas em seu *site*, mais de 1.000 organizações e projetos cadastrados e mais de 340 vagas de trabalho voluntário. De cada dez vagas de trabalho voluntário aberta pelo Atados, nove são preenchidas e 60% das pessoas que realizam um trabalho voluntário pela primeira vez continuam no voluntariado. Quando perguntei quantas conexões já foram realizadas entre voluntários e ações precisando de voluntários, Daniel foi certeiro: "As conexões são infinitas e vão muito além do simples preenchimento de uma vaga de trabalho voluntário."

Registro de uma atividade do Dia das Boas Ações em 2017.
Crédito da foto: arquivo do Atados.

Em maio de 2013, o Atados chegou à Brasília, depois Curitiba. Em dezembro de 2015, no Rio de Janeiro. E eles têm planos de crescer ainda mais. Querem estar em outras regiões do Brasil para ajudar e conectar ainda mais gente.

"O voluntariado é uma troca: você ajuda, mas ao mesmo tempo é ajudado." É isso que move Daniel e todos que participam da gestão do projeto a continuarem fazendo do Atados um elo de ligação e de conexão entre as pessoas e as organizações. Juntar ao invés de separar. Conciliar em vez de romper. Cooperar em vez de competir. Esse é o segredo de sucesso do Atados.

4 Badu Design

Estava em Curitiba, no Instituto Legado, de empreendedorismo social, quando de repente entrou na sala uma mulher alta e muito sorridente − daquelas que também sorriem com os olhos − e foi impossível não percebê-la. Ela nasceu numa família sem muito dinheiro e começou a trabalhar aos 14 anos. Já fez de tudo um pouco. Foi *office girl*, vendedora, cerimonialista, gestora de projetos e *designer*. Diz que, independentemente de qualquer coisa, nunca lhe faltou amor e incentivo à educação.

Ariane Santos é de Piraquara, cidade no Paraná com pouco mais de 100 mil habitantes, distante a apenas 30 quilômetros da capital, Curitiba. Ela trabalhava na área de *marketing* e no *design* de embalagens de papel de presente de uma empresa e estudava Administração à noite quando, em 2010, recebeu a notícia de que sua avó estava com graves problemas de saúde, que culminou com a amputação de uma perna, a perda da visão e um AVC. Ariane tomou a decisão de largar o trabalho e os estudos para estar ao lado de quem amava e que dedicou boa parte do tempo para sua formação moral e preparação para a vida. Foram dois anos cuidando da avó até ela falecer. A experiência a fez repensar em como ela estava utilizando seu próprio tempo, uma vez que, antes da avó adoecer, ela não tinha muitos momentos para estar ao lado da família. Se sentiu de algum modo culpada, o que representou o início de uma depressão.

Em 2012, depois dos dois anos cuidando da avó e sem trabalhar, Ariane se viu com apenas R$ 30 na carteira. Ela precisava voltar para o mercado trabalho, pois precisava voltar a ganhar dinheiro para viver. Mas ela queria que esse retorno acontecesse de uma maneira diferente, que fizesse mais sentido. Ariane lembrou que na época da faculdade, ela fazia as capas de seus cadernos com tecido, para deixá-los mais bonitos e com mais estilo. Era um sucesso. Muita gente ia falar com ela querendo essas capas, e ela fazia e presenteava as pessoas. Deprimida e com apenas R$ 30, ela juntou o que ainda tinha de tecido e comprou mais alguns materiais, com o objetivo de produzir dez cadernos com capas estilosas. A ideia era levar os dez cadernos numa papelaria e deixá-los em consignação. A dona da papelaria aceitou e em apenas uma semana entrou em contato com Ariane para informar que tudo havia sido vendido, e que tinha até uma lista de gente querendo mais.

Entre 2012 e 2014, pelo artesanato, Ariane começou a se reerguer e sair da depressão. Com os cadernos e blocos que produzia, ela participou de feiras e bazares, e o contato com outras pessoas foi uma importante ajuda, além de ter sido também um modo de se restabelecer financeiramente.

Na Copa do Mundo de 2014, o Sebrae de Curitiba buscava souvenires diferenciados e ela bolou dois produtos, um bloquinho de notas e um marque-lata. Os produtos foram apresentados, aprovados, e Ariane recebeu um pedido de 500 unidades. Nesse momento, para dar conta do pedido, ela convidou outras mulheres a ajudarem na produção para que todas fossem beneficiadas. Eram vizinhas que também estavam desempregadas. Chegou a virar noites para produzir tudo no prazo estabelecido. Nos encontros para produção da encomenda, aconteciam excelentes trocas de experiências em rodas de conversa, nas quais uma fortalecia a outra. Em paralelo, para continuar a produzir os cadernos, ela pesquisou e descobriu que a indústria têxtil descartava 170 mil toneladas de tecido no lixo, segundo dados da Associação Brasileira da Indústria Têxtil e de Confecção (ABIT). Tudo isso despertou em Ariane o desejo de montar um negócio social, onde seria possível capacitar e formar mão de obra para produção de cadernos e souvenires para gerar renda, além de contribuir com o meio ambiente, pela reutilização de tecidos que estariam sendo descartados. Assim nasceu, em 2012, a *Badu Design*.

Logo: Um pássaro que anuncia altos voos.

A ideia de Badu vem de badulaque, que é uma coisa pequena, um penduricalho. Pela sonoridade, Ariane abreviou o nome. O passarinho significa liberdade, movimento, a possibilidade de semear, de espalhar coisas boas e de alçar altos voos.

Nessa caminhada, Ariane conheceu mães que não podiam trabalhar por terem filhos doentes ou simplesmente porque queriam acompanhar o crescimento de seus filhos saudáveis. Desde a criação da Badu Design, já são mais de 50 mulheres, dentre elas algumas imigrantes e refugiadas que produzem cadernos, blocos e outros artigos diferenciados, que foram criados ao longo do tempo. Bolsas, mochilas, colares e nécessaires já fazem parte do portfólio de produtos. Após o custo operacional, entre 60% e 70% do valor da venda é retornado para quem produz, representando uma fonte de renda. Inspirada no sucesso da ação com as mães dos autistas, Ariane quer desenvolver uma dinâmica semelhantes de atividades para acompanhantes de pacientes em hospitais. O tempo livre poderá ser preenchido de forma útil com a atividade manual.

Ariane tem recebido muitos contatos de diversos lugares do Brasil e pretende expandir o projeto, beneficiando ainda mais pessoas. Ela está finalizando o desenho do modelo de microfranquia social para que as produtoras sejam também empreendedoras e gerem renda. O modelo será testado em breve em Curitiba e na região metropolitana da cidade. Das franquias tradicionais, Ariane pretende apenas agregar a funcionalidade e a capilaridade. Assim, ela sonha em contribuir com a redução da pobreza e diminuir as desigualdades sociais através da Badu Design. – Quero que nossos produtos de artesanato sejam cada vez mais valorizados, tenham história, personalidade, e que as mulheres possam se empoderar

Alguns dos cadernos produzidos: criatividade e talento.
Foto: arquivo de Ariane.

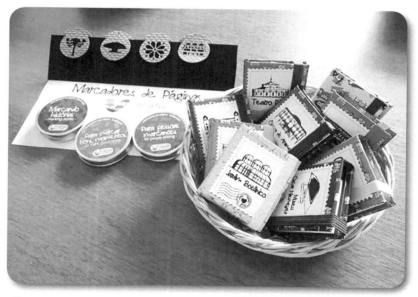

Os marque-latas e os bloquinhos desenvolvidos como souvenires para a Copa do Mundo de 2014, com símbolos da cidade de Curitiba.
Foto: arquivo de Ariane.

através deles — finaliza Ariane. Aumentar a reutilização dos resíduos têxteis também é uma das metas. Quanto mais gente estiver conectada com a proposta da Badu Design, menos lixo será produzido para o planeta.

O coração de Ariane bate mais forte a cada relato que recebe de uma produtora de sua rede. Algumas se diziam deprimidas e desmotivadas e voltaram a acreditar num futuro melhor, mais digno e com melhor qualidade de vida depois que entraram para a Badu Design. Além de produção e renda, as mulheres encontram um ambiente de conexão, colaboração e desenvolvimento pessoal. O amor e o incentivo à educação que ela recebeu desde pequena de sua família estão se perpetuando no negócio que ela idealizou.

5 Bonecas de Propósito

Em geral, as pessoas esquecem de agradecer pela saúde perfeita que tem e só lembram que ela existe na falta dela. Não se trata de uma generalização, mas da observação do comportamento da grande maioria das pessoas. Agora, imagine uma criança que já nasce com um problema de saúde. Ou que recebe o diagnóstico de uma doença grave logo nos primeiros anos de vida. São crianças quase invisíveis para a sociedade, já que elas não frequentam nas escolas, não estão nas gramas dos parques, não são vistas brincando nas ruas, nem fazendo castelos de areia nas praias. Elas estão internadas em hospitais em tratamento de saúde lutando pela vida.

O inesperado evento de abril de 2015 acabou direcionando de uma maneira mais intensa para o trabalho social. No *site* do Atados, procurava algo que fosse perto de casa, mas não encontrei nada. Aumentei o raio da procura e encontrei um projeto que se chamava *Bonecas de Propósito*. Parei de procurar quando li que se tratava da confecção de bonecas terapêuticas de pano doadas para crianças hospitalizadas em tratamento grave de câncer, com doenças cardíacas e renais crônicas. Era como se, especialmente as bonecas cardíacas, estivessem me chamando. Coração. Km 19. Escrevi para me voluntariar e de repente descubro que a idealizadora e fundadora é Fernanda Candeias, que já participava comigo de outro projeto social chamado *Cantareiros*. Não parece ter sido por acaso...

Quando Fernanda se aposentou, ainda tinha muita energia, disposição e tempo. A falta de ocupação fez surgir um sentimento de tristeza e inutilidade, ingredientes que sinalizavam o início de um quadro de depressão. Em abril de 2014, assistindo televisão, viu um programa mostrando a dor e a tristeza de uma menina com câncer, sobretudo quando ela perdia os cabelos por conta do tratamento. A reportagem tocou fundo o coração da Fernanda, que foi rapidamente para a máquina de costura fazer uma bonequinha de pano igual aquela menina. Tudo foi cuidadosamente pensado – a boneca tinha uma peruca, um chapeuzinho e uma bandagem no braço para o acesso das medicações, reproduzindo com fidelidade o que costuma acontecer na vida real. Os cabelos caem, mas voltam a crescer. A boneca é sorridente e feliz, passando uma mensagem otimista de que é possível vencer a doença. Com a boneca, Fernanda planejava levar amor, afeto, carinho e atenção para as crianças com câncer.

A primeira boneca do câncer foi apresentada para as amigas do grupo de corrida que Fernanda participava, e que se reúnem até hoje. Todas incentivaram e deram muita força assim que tomaram conhecimento da primeira boneca. Alguns dias depois da confecção da boneca do câncer, Fernanda teve a ideia de fazer a do coração, pois conhecia o trabalho da Dra. Rosa Célia, à frente do Instituto Pró-Criança Cardíaca e que acompanhou sua filha caçula dos 4 aos 18 anos de idade. Ela nasceu com uma condição cardíaca chamada rede de Chiari e atualmente está muito bem de saúde. Durante anos frequentando o Instituto Pró Criança Cardíaca, ela conviveu também com a dor de outros pais e crianças. Pouco tempo depois de idealizar a boneca do coração, uma das amigas da corrida, vice-presidente da Fundação do Rim, sugeriu que ela pensasse em fazer uma boneca do rim, para crianças com problemas renais. Assim, nasceram as três categorias de bonecas.

A boneca do câncer nos três momentos: com cabelos, careca e com chapéu.
Crédito das fotos: arquivo das Bonecas de Propósito.

O boneco do coração em dois momentos: ao abrir a camisa, surge um coração vibrante.
Crédito das fotos: arquivo das Bonecas de Propósito.

O boneco do rim: a camisa abre para trás, para revelar um rim novo. Há também uma bandagem, exatamente como a utilizada durante a hemodiálise.
Crédito das fotos: arquivo das Bonecas de Propósito.

Infelizmente, as estatísticas de crianças enfermas são altas. Segundo o INCA, são 12.600 novos casos de câncer por ano detectados até os 19 anos de idade. A Fundação do Rim alerta sobre o crescente número de crianças com problemas renais. E dados divulgados pela Associação de Assistência à Criança Cardiopata (AACC) Pequenos Corações, uma em cada 100 crianças nascidas no Brasil tem alguma alteração na estrutura ou nas funções do coração, ou ainda, o equivalente a 28 mil crianças com problemas cardíacos por ano.

Fernanda não sabia, mas pouco depois da confecção da primeira boneca, a iniciativa receberia o nome de Bonecas de Propósito, deixaria o quarto de sua casa e se transformaria num projeto maior. É como se, aos poucos, as bonecas e bonecos estivessem tomando vida própria e caminhando com as próprias pernas para conquistar o mundo.

Logo: Amor em forma de bonecas e bonecos de pano.

Tudo foi pensado com muito carinho, desde o tamanho ideal das bonecas e bonecos – já que eles chegam em UTIs onde nem sempre os pequenos podem receber visitas – até nos materiais utilizados na confecção dos mesmos. A boneca do câncer chegou ao INCA pela psicóloga da pediatria, que é amiga de faculdade de sua sobrinha. Daí para as demais equipes médicas do Instituto Pró-Criança Cardíaca e da Fundação do Rim foi um pulo. Todas as bonecas foram apresentadas e validadas pelas equipes médicas. Elas observaram o impacto das bonecas e bonecos no comportamento das crianças diante dos tratamentos. As crianças se identificam com a boneca ou boneco e aceitam melhor as intervenções e medicamentos. Passam por todo o processo com um amigo ou amiga ao lado, que compartilha os momentos e divide a dor. Um amigo terapêutico, um companheiro de vida.

Até o final de 2015, Fernanda confeccionava tudo sozinha. Assim que juntava 12 bonecas, ela fechava um lote e entregava nas três instituições médicas que se encarregavam de direcioná-las às crianças. No final de 2015, abriu vagas pelo *site* do Atados, e assim chegaram as primeiras voluntárias, que atualmente também confeccionam as Bonecas de Propósito. Como as bonecas e bonecos são artesanais, não há nunca um modelo igual ao outro. Não existem príncipes, princesas ou super-heróis. Eles são confeccionados em diversos tons de pele, têm diversos tipos de cabelo, justamente para reproduzirem toda a diversidade humana.

E as bonecas parecem mesmo ter criado vida própria. No final de 2016, Fernanda criou mais um tipo de boneca, a caçulinha do grupo, com fissura labiopalatal. A boneca foi apresentada à ONG Smile Train e ao Hospital Municipal Nossa Senhora do Loreto, na Ilha do Governador, no Rio, que atende crianças com fissura labiopalatal. Assim, mais um canal de doação foi aberto.

As bonecas e os bonecos: sorrisos e muita cor para levar amor e alegria aos pequenos.
Crédito da foto: arquivo das Bonecas de Propósito.

Desde 2014, quando Fernanda produziu a primeira boneca, até maio de 2017, cerca de 400 bonecas e bonecos já foram doados para crianças. E os planos são ambiciosos: chegar em todos os lugares onde existir uma criança em tratamento contra doenças graves, contribuindo com a humanização do tratamento. Esse é o compromisso.

6 Bookshare

Cultura, informação e conhecimento são elementos poderosos e transformadores que deveriam estar à disposição de todos os seres humanos. Depois de adquirido, ninguém pode tirar de você. Mas infelizmente, muitas vezes, cultura, informação e conhecimento são privilégios apenas de uma minoria.

Uma pesquisa chamada Retratos da Leitura no Brasil, divulgada em 2016, revela que quase metade da população brasileira não lê livros – o porcentual chega a 44%, e 30% nunca compraram um livro na vida. Mas o quadro já foi ainda pior. Em 2011, exatamente 50% das pessoas não tinha o hábito de ler livros no país. Para fins da pesquisa realizada, é considerado leitor aquele que leu, inteiro ou em partes, pelo menos um livro nos últimos três meses. As principais justificativas daqueles que não leem são a falta de tempo, a falta do prazer pela leitura ou simplesmente a falta de paciência para leitura. O brasileiro ainda lê muito pouco se comparado com outros povos ao redor do mundo. De acordo com o NOP World Culture Score Index, um estudo realizado pela agência NOP World para classificar 30 países de acordo com hábitos de quatro mídias – televisão, rádio, leitura e internet – o Brasil figura entre os dez países com maior utilização de televisão, de rádio e de internet. Mas na leitura, o país está entre os últimos colocados, na 27ª posição.

O governo brasileiro, ainda que compre livros, compra muito menos do que a maior parte dos países. Segundo dados levantados por um jornal de grande circulação, foram encomendados 120,8 milhões de livros em 2016, entre exemplares para os anos iniciais e finais dos ensinos fundamental e médio. Diante do quadro de carência literária de boa parte da população brasileira, seria razoável triplicar as compras governamentais só para dar aos estudantes o suprimento médio de livros fornecido aos estudantes chineses – a China ocupa a terceira posição na lista do NOP World Culture Score Index. Isso sem falar na implantação de um sistema de compras para bibliotecas, ainda hoje praticamente inexistente para renovar e aumentar os acervos. Há um círculo vicioso no Brasil: os livros são caros porque as tiragens são pequenas, as tiragens são pequenas porque o brasileiro não tem o hábito da leitura e os livros vendem pouco porque são caros. Enquanto o círculo vicioso não se rompe – com livros mais baratos, tiragens maiores e brasileiros comprando mais livros – Ismael pensou numa solução criativa para despertar o hábito de leitura no brasileiro.

Foi no ColaborAmerica, realizado no Rio de Janeiro em novembro de 2016, que Ismael e eu fomos rapidamente apresentados. Estava lá pelas *Bonecas de Propósito* e ele me contou sobre seu projeto entre uma palestra e outra.

"Que tal transformar o mundo numa grande biblioteca"? Foi com essa pergunta que Ismael Pereira dos Santos criou a Bookshare – "onde o acesso é melhor que a posse" – uma plataforma de compartilhamento de livros. Ele acredita – e isso é verdade! – que podemos nos transformar em pessoas melhores pela leitura de livros.

A ideia surgiu em 2008 quando ele era gerente de uma empresa de recursos humanos. Numa livraria em Brasília, Ismael se deu conta que ele poderia comprar o livro que desejasse, mas que essa não era uma realidade para a maioria dos brasileiros. Para ser mais uma fonte de incentivo à leitura, Ismael pensou em um portal para compartilhamento, sobretudo para pessoas sem condições financeiras de adquirir um livro. Num país ainda castigado pelo analfabetismo, projetos de incentivo à leitura são muito mais que bem-vindos: eles são fundamentais. Pesquisa divulgada em 2014 revela que o Brasil tinha pouco mais de 6.000 bibliotecas, ou o equivalente a uma biblioteca para cada 33.000 habitantes. Mas a ideia dele ficou adormecida por alguns anos e somente em agosto de 2014, após ler justamente um livro, ela foi colocada em prática. Ismael havia terminado de ler *Mesh – Porque o Futuro dos Negócios é Compartilhar*, de Lisa Gansky. Nele, a autora afirma que "no futuro, palavras como consumo e compra serão substituídas por compartilhamento e troca. A colaboração entre empreendedores, fornecedores e consumidores irá definir o futuro da economia". Era tudo que ele precisava para transformar a ideia no Bookshare, criado em março de 2015.

Logo do projeto: Incentivo ao consumo colaborativo.

O Bookshare é um portal interativo, via web, que tem como objetivo maior compartilhar conhecimento. Por meio dele, é possível cadastrar livros para empréstimos, sem limite. Não existe moderação para cadastro de livros. O cadastro é muito simples: basta o usuário informar o título ou o código de barras (ISBN) e clicar no botão de busca, que o sistema traz automaticamente os dados do livro. Os leitores também podem dar notas para os títulos e deixar comentários. Ao devolver o livro, quem emprestou e quem pediu emprestado devem se avaliar mutuamente, o que contribui para o sucesso de novos empréstimos.

Para fazer parte da Bookshare não é preciso pagar absolutamente nada, basta se cadastrar no *site*. O sistema controla os empréstimos, enviando alertas tanto para quem emprestou como para quem tomou emprestado, para que o prazo de devolução seja cumprido. Isso evita aquele famoso trauma de emprestar livros sem lembrar para quem foi. A partir do momento em que o livro é entregue para o leitor, ele terá até 30 dias para devolver. Durante esse tempo, o sistema monitora o prazo e envia pelo menos três alertas para lembrá-lo do prazo de devolução. Após expirar o prazo, o leitor inadimplente recebe um alerta por dia. Se ainda assim ele não devolver o livro, não pode mais utilizar a plataforma e pegar outros títulos emprestados, sob pena de ser excluído do portal. Há um encontro presencial para entregar e retornar o livro. A ação promove a conexão entre as pessoas por meio de encontros reais, num mundo que se apresenta cada vez mais virtual.

O projeto permite que algumas questões sejam resolvidas além da questão financeira para aquisição de um livro. Ele foi pensado também para quem não tem espaço ou não consegue organizar os livros em casa, quem adora ler, mas simplesmente não quer ter livros em casa. Pelo Bookshare, o acesso aos livros é democratizado e se torna mais importante do que a posse. Ele quer melhorar os indicadores de leitura do Brasil, contribuindo, assim. com o desenvolvimento intelectual, social e humano do país. Além de disseminar cultura, informação e conhecimento, Ismael incentiva também o consumo colaborativo.

Em maio de 2017, o Bookshare já contava com mais de 8 mil pessoas cadastradas com cerca de 4 mil livros disponíveis para empréstimo em todo o Brasil, e uma média de 60 transações por mês. – O livro contém múltiplas possibilidades e abre muitas portas. Mas na estante ele é morto. Quem dá vida para o livro é o leitor que o retira da prateleira – diz Ismael. O Bookshare também já está disponível nos Estados Unidos, Angola, Moçambique e Portugal. Nos Estados Unidos, por ser o país que tem a cultura da economia colaborativa mais desenvolvida e por existirem livros em inglês cadastrados na plataforma. Nos outros três países, por conta do idioma português.

Uma plataforma de incentivo à leitura chamada *BookCrossing*, criada em 2001 nos Estados Unidos, tem um formato um pouco diferente do idealizado por Ismael. A prática é, depois de etiquetar o livro, deixá-lo num local público para ser encontrado por outro leitor. São cafés, praças, restaurantes, pontos de ônibus e diversos outros lugares que recebem livros. Esses locais, identificados com cartazes e adesivos, normalmente possuem uma prateleira ou um espaço dedicado aos livros. No Brasil, o primeiro ponto de BookCrossing foi criado em São Paulo em 2007, mas ainda existem poucos pontos estabelecidos no país. No BookCrossing, o livro não pertence mais a um único dono e por isso não há interação entre quem empresta e quem toma o livro emprestado. O livro pode rodar o mundo sem retornar às mãos do seu dono. "A prioridade é incentivar que mais pessoas possam ler mais livros. Despertar o interesse pela leitura."

Com uma crescente tendência de digitalização de livros, pode parecer estranho criar um portal para compartilhar livros em papel. Títulos digitalizados – o famoso *e-book* – e títulos impressos não competem entre si: eles se complementam. Muita gente ainda prefere abrir um livro em papel para ler. É uma relação de afeto com o livro físico. O sonho de Ismael é contribuir para transformar o mundo numa grande biblioteca, acessível ao maior número de pessoas possível. Com pouco tempo de existência, a Bookshare segue exatamente nessa direção.

7 Caçadores de Pérolas

Pais e mães sonham com filhos saudáveis, ativos, sorridentes e cheios de energia para brincar. Querem vibrar com o primeiro sorriso, a primeira gargalhada e a primeira interação. Ninguém planeja ter um filho com algum problema de saúde, seja ele qual for, mas quando isso acontece muitos pais não sabem lidar com a situação.

O transtorno do espectro autista (TEA), ou simplesmente autismo, começa a se manifestar logo nos primeiros meses de vida. A criança não atende quando é chamada – é como se ela não escutasse – nem mantém um contato visual afetivo. Logo no primeiro ano de vida, a criança fica mais entretida com objetos do que com as pessoas, fechada em seu próprio universo. Os pais se esforçam para interagir com a criança, mas a interação não acontece como gostariam e logo percebem que há algo de diferente. Em geral, a confirmação do diagnóstico acontece antes dos 3 anos de idade, por comportamentos repetitivos e interesses restritos.

Não existem dados oficiais do TEA no Brasil, mas havia uma estimativa de 2007, segundo o projeto *Autismo*, do Instituto de Psiquiatria do Hospital das Clínicas da Universidade de São Paulo, quando a população era de 190 milhões de pessoas: na época, havia cerca de 1 milhão de casos de autismo no país. Ou seja, para cada 190 crianças nascidas, uma teria autismo. A proporção é mais elevada do que crianças portadoras de câncer ou diabetes, por exemplo.

A ONU estabeleceu todo dia 2 de abril como o Dia Mundial da Conscientização do Autismo para chamar a atenção de todos os países sobre a importância do tema. Em 2008, foi o primeiro ano. Em 2010, a ONU declarou que estimava em 70 milhões a população com autismo no mundo. No Brasil, foi em dezembro de 2012 que a Lei 12.764, conhecida como Lei Berenice Piana, trouxe inúmeras conquistas para os autistas. Um dos mais expressivos avanços foi garantir o reconhecimento do autismo como uma deficiência. No âmbito escolar, por exemplo, garante ao autista o direito a um acompanhante especializado, em casos de comprovada necessidade. Berenice é mãe de um filho autista e, depois de conseguir criar a Lei, tem agora o grande desafio de fazer com que ela seja respeitada.

A vida social da criança com autismo e dos pais precisa ser revisitada. É uma situação diferente e que precisa de atenção especial, já que, infelizmente, ainda há muito preconceito. Há diversos níveis de autismo que requerem tratamentos específicos, e identificar o nível não é tarefa fácil, o que dificulta a indicação dos melhores tratamentos e, consequentemente, os melhores resultados. A grande maioria das famílias não sabe lidar com essa questão e muitos casais chegam a se separar quando o diagnóstico é confirmado. De acordo com uma pesquisa realizada em maio de 2010 pelo Kennedy Krieger Institute, uma instituição nos Estados Unidos dedicada a melhorar a vida de crianças e jovens com deficiências cerebrais, 64% dos casais se separam quando descobrem que têm filhos autistas. E foi esse um dos grandes motivadores para que o projeto *Caçadores de Pérolas* fosse criado para ajudar a lidar com essa situação. Vencer o preconceito é a primeira barreira a ser superada, para que todos os envolvidos, direta ou indiretamente com a doença, possam ter mais qualidade de vida e respeito.

Logo: Um mergulho no mundo do autista.

Formado por Erika Müller, fonoaudióloga, seu filho Nicholas Müller e Giovana Delvaux, ambos *designers*, o projeto Caçadores de Pérolas surgiu em 2016, acreditando que com pequenas transformações é possível melhorar a vida da criança autista. Escolheu como missão inspirar famílias, criar a consciência de que o brincar é "coisa séria" e transformar espaços físicos para que as crianças autistas se sintam bem, confortáveis, e que seus pais possam se aproximar do seu universo próprio. O objetivo é promover, pelo ato de brincar, uma boa integração entre a sociedade, as crianças autistas e suas respectivas famílias, contribuindo também para a redução do número de separações dos casais. A transformação respeita as particularidades de cada autista, considerando fatores, como a sensibilidade à luz, a reação e o comportamento diante das cores e dos sons.

Erika sempre teve contato com uma criança autista na sua própria família e pôde acompanhar de perto os impactos da confirmação do diagnóstico de TEA. Como existia pouco material sobre a doença no Brasil, para ajudar, chegou a traduzir muita coisa para o português. Foi por meio desses materiais estrangeiros que ela conheceu o programa *Son-Rise* e a metodologia do "brincar". Estar envolvida emocionalmente a fez notar além da questão da ausência de um espaço físico adequado para a criança autista: ela notou as dificuldades do relacionamento familiar, então trouxe a ideia de fundar um grupo de apoio para pais, familiares e amigos de crianças autistas, chamado *Catavento*, que existe até hoje em Barra do Piraí. O Catavento adotou como base a filosofia dos 12 passos – utilizada pelo Nar-Anon, um grupo de apoio para ajudar familiares e amigos de dependentes químicos a se recuperarem emocionalmente dos prejuízos causados pelo uso das drogas. Por meio do compartilhamento de situações e problemas, é possível pensar coletivamente nas soluções. A família do autista aprende a substituir o desespero pela esperança, e a viver um dia de cada vez.

Após um ano de participação no Catavento, a mãe da criança autista resolveu fundar em 2012 uma instituição na cidade onde mora – Barra de Piraí – chamada *Casa de Brincar*. Nesse novo espaço, ela resolveu unir as metodologias do Catavento e do "brincar". Começou atendendo 10 famílias e hoje já atende 60. Desde a sua fundação, Erika é voluntária e pôde comprovar que a metodologia do brincar surte resultados positivos na interação das crianças com os pais, e consequentemente com a sociedade. Tudo isso foi fonte de inspiração para que ela idealizasse, um pouco mais tarde, os Caçadores de Pérolas.

Antes mesmo de idealizar o projeto, a Oster – empresa de *design* de Erika, Nicholas e Giovana – atuou em um projeto de *design thinking* para a Casa de Brincar, com o desafio de transformar seus frequentadores e comerciantes locais em empreendedores sociais ou voluntários. A ideia era sensibilizar os moradores da região e os pais para que pudessem, de algum modo, ajudar a própria instituição que acolhe as crianças com autismo. A equipe Oster acabou ficando ainda mais sensibilizada pela causa.

A denominação "Caçadores de Pérolas" tem explicação. A Oster – que significa concha em dinamarquês – estava buscando uma causa social para apoiar. Foi então que Erika pensou no autismo, por conta de todo o seu histórico sobre o tema. Ela lembrou que no momento em que se estabelece o diagnóstico, em geral os pais se fecham, exatamente como uma concha, e que algumas conchas, ao serem abertas, revelam lindas pérolas. Um dia, voltando do trabalho para casa, o nome do projeto veio naturalmente, e foi associado ao fato de que mergulhos profundos e sem medo podem revelar belezas que estão escondidas por trás do autismo.

A princípio, os Caçadores de Pérolas tinham como foco algumas das 40 famílias de Barra do Piraí e região, que estavam na lista de espera da Casa de Brincar. Mas, pelas estatísticas elevadas de casos por todo o país, eles começaram a amadurecer a ideia de expandir geograficamente o atendimento. Hoje, mapeiam escolas e outras instituições por entenderem que esses locais são favoráveis para trabalhar, juntamente com as famílias, a questão da inclusão social de autistas. Nesse trilhar, encontraram uma importante parceria na AFR – Associação Fluminense de Reabilitação –, uma instituição localizada em Niterói, que, além de trabalhar com diferentes tipos de reabilitação, desenvolve um trabalho focado em crianças com deficiências intelectuais, incluindo as autistas. A AFR identifica famílias que necessitam do trabalho desenvolvido pelos Caçadores de Pérolas.

Na casa da família idealizada pelos Caçadores de Pérolas, eles constroem ou apenas transformam o que chamam de "Quarto de Brincar", um ambiente dedicado às brincadeiras entre o filho autista e os pais, estimulando a criação e o fortalecimento dos laços familiares. – O nosso foco é o autismo, mas é durante uma brincadeira que os pais podem conhecer melhor os filhos, autistas ou não, e aprendem como a interação pode ser feita – diz Erika.

Registro de uma residência em Vassouras, interior do Rio, antes e depois das obras.
Crédito das fotos: arquivo do projeto.

Há uma adaptação da residência, independentemente se é uma casa, um cômodo ou um apartamento, para identificar como o ambiente pode ser melhorado. Os Caçadores de Pérolas avaliam o espaço disponível e verificam, de acordo com as características individuais de cada criança, como o espaço deve ficar. Tudo é pensado para estimular a interação da criança com os pais. Após a término da transformação, é oferecido um treinamento aos pais, no qual as brincadeiras são explicadas para que entendam as razões de cada uma, de modo a tirarem o máximo de proveito e para que obtenham os melhores resultados de interação e conexão com os filhos autistas.

O novo quarto da criança autista.
Crédito da foto: arquivo do projeto.

Os Caçadores de Pérolas têm muitos planos para o futuro. Eles esperam poder ajudar a divulgar a causa dos autistas, levar o tema para ser debatido em escolas e divulgar que a proposta vai muito além das mudanças físicas de uma residência. É uma mudança de vida não apenas para o autista, mas para toda a família.

8 Cantareiros

A origem da música não é tão clara, mas há relatos de música desde que o ser humano já se organizava em tribos na África, que data há mais de 50.000 anos, provavelmente em função da percepção dos sons da natureza. Naquela época, a música apresentava características religiosas e ritualísticas. Os registros de desenhos pré-históricos mostram pessoas dançando; então, é possível acreditar que eles dançavam ao som de alguma música cantada e tocada em instrumentos produzidos mesmo que de forma primária e rudimentar. Há relatos do vestígio de uma flauta de osso datada de 60.000 a.C. e a presença de liras e harpas na Mesopotâmia em 3.000 a.C.

No auge da cultura egípcia, na Europa, no Oriente, ao longo de tantos anos, a música foi sendo aprimorada, os instrumentos ficaram mais sofisticados e as vozes foram ficando mais elaboradas. Com isso, foram encontradas outras finalidades para a música além das religiosas e ritualísticas: militares, de diversão, de comemoração, de lamento. E há quem acredite no poder terapêutico da música como uma maneira de ajudar a recuperação e o restabelecimento do estado de saúde das pessoas.

Jules Vandystadt parece ter nascido para a música. Por volta dos 8 anos, já fazia sozinho canções completas no tecladinho de brinquedo do primo. Aos 12, quando ainda morava em Santa Catarina, conheceu uma menina que tocava órgão eletrônico – aquele que tem dois teclados e pedaleira. Jules se lembra da euforia que tomou conta dele quando assistiu a uma apresentação dela. No dia seguinte, pediu que sua mãe Gleda Lalôr o matriculasse numa escola de música, num curso de teclado. Pedido atendido, o curso que tinha duração de três anos, terminou em apenas seis meses para Jules. Ele simplesmente aprendia as lições de um dia para o outro e acelerou o processo. Fez todos os cursos possíveis na escola de música e logo já era monitor de outros alunos. Na época do vestibular para jornalismo, Jules se mudou para o Rio de Janeiro e, para não perder o contato com a música, entrou para o coral de um curso de inglês, onde sua tia trabalhava. Logo estava em outro coral de uma empresa de planos de saúde e, assim como foi na escola de música de Santa Catarina, em pouco tempo já era monitor do naipe dos baixos. Quando se deu conta, a música já estava presente em todos os dias de sua vida. Inclusive, ele já havia começado a escrever alguns arranjos musicais em casa quando se mudou para uma temporada de três anos nos Estados Unidos para trabalhar num grande *resort*, mas não conseguiu ficar longe da música: nesse período, Jules participou de corais e grupos vocais da localidade. No retorno ao Brasil, em 2003, começou a frequentar o centro espírita Lar Paulo de Tarso, onde Jules tomou conhecimento de um projeto social chamado *Solar Meninos de Luz*, localizado no morro carioca do Cantagalo, em Copacabana. Por conta da experiência em terras americanas, começou a trabalhar em 2004 como voluntário no Solar Meninos de Luz, dando aula de inglês para crianças e adolescentes. Nesse período, ele tomou uma decisão: trocar o jornalismo pela música. Mas enquanto ainda não tinha a música como fonte de renda, dava aulas num curso de inglês no Rio e entrou para o coral da faculdade, onde alguém o indicou para um teste numa produtora teatral. O teste deu certo, e Jules começou a trabalhar com teatro em 2007. Sem rotina por causa da nova ocupação, ele viu sua agenda ficar incompatível com a regularidade que o trabalho voluntário exigia e em 2009 precisou deixar o Solar. Mas o contato com o trabalho social plantou uma semente que em breve germinaria. A experiência de voluntariado e o genuíno talento de Jules para a música parecem ter servido de combustível para algo maior que estava para acontecer.

Em dezembro de 2007, com o desejo de cantar com a alma e de levar um pouco de alegria e arte às pessoas mais necessitadas, Jules reuniu apenas sete amigos que já conhecia do meio artístico e foi cantar no Solar Meninos de Luz. Mas foi em 2009 que a ideia tomou forma de um projeto social. O *Cantareiros* nasceu de um sonho que Jules teve. Literalmente. Certa noite, ele sonhou com um coral cantando, todos com camisas verde-bandeira, cuja frente estampava silhuetas de corpos brancos, como se fosse um coral de anjos de Luz. O nome *Cantareiros* ecoava em sua cabeça quando ele acordou na manhã seguinte. Jules procurou um amigo *designer* que executou exatamente o que foi narrado para ele. A imagem foi parar na camiseta que todos os voluntários do projeto vestem até hoje.

A camiseta do projeto com a mesma cor e a imagem do sonho.

A partir de 2009, o projeto ultrapassou os muros do Solar Meninos de Luz – que ainda faz parte das visitas do grupo até hoje – e chegou em orfanatos, casas de saúde, asilos e hospitais. O projeto cresceu ao longo dos anos com a chegada de novos cantores voluntários, visando contemplar essas pessoas na época do Natal com arranjos de canções natalinas que falam de amor, paz, união e alegria. Até que, em janeiro de 2014, Jules sofreu um acidente. Enquanto ele praticava exercícios físicos na academia, teve uma fratura muito grave no joelho esquerdo. Nesse mesmo ano, ele passou por 11 cirurgias, teve osteomielite e quase precisou ter a perna amputada. Mesmo assim, continuou a realizar as visitas do Cantareiros sempre que possível, mesmo em cadeira de rodas ou de muletas. Quando não podia ir, trabalhava de casa, organizando o repertório e idealizando novos arranjos. Foi a partir desse momento difícil que, Gleda, sua mãe, começou a fazer parte do grupo. – Mamãe entrou para compensar a minha ausência durante as visitas e chegou para ficar. Não imagino mais o Cantareiros funcionando sem ela – diz Jules. Foi nesse período também que, cansado de contribuir apenas com dinheiro para alguns projetos sociais, senti necessidade de contribuir com tempo e energia. Sem saber por onde começar, conversei com uma amiga sobre o meu desejo. Ela disse que conhecia alguém que tinha um projeto social com música, mas não sabia muita coisa além disso. Encontrei o *site* do Cantareiros na internet e enviei uma mensagem em dezembro de 2013. Justamente por causa do acidente, Jules só me respondeu em maio de 2014. A partir dessa data, passei a integrar o grupo.

Atualmente, o Cantareiro conta com cerca de 170 cantores e instrumentistas, e apresenta as músicas em arranjos vocais de vo-

Registro de 2011, no Asilo Espírita João Evangelista, no bairro do Humaitá, no Rio, que atende meninas carentes de 3 a 15 anos de idade.
Crédito da foto: arquivo do Cantareiros.

zes mistas, a cappella ou acompanhados por instrumentos. Todos os arranjos são de Jules. A partir de 2015, sob a coordenação da Gleda, o Cantareiros expandiu as atividades, realizando visitas regulares o ano inteiro, seguidas da já famosa "Maratona de Natal" – como são chamadas as visitas quase diárias realizadas durante todo mês de dezembro. No repertório, músicas diversas que falam de paz, amor, esperança e alegria, além de canções conhecidas do folclore natalino brasileiro e internacional.

Na temporada de 2016, 51 instituições foram visitadas na cidade do Rio de Janeiro, proporcionando belos momentos de alegria, paz e emoção tanto para aqueles que escutam as apresentações – pacientes, idosos, crianças, funcionários e equipes médicas – como para os próprios voluntários que participam do projeto. No final desse mesmo ano, o projeto virou oficialmente um Instituto.

Mas o projeto não é *apenas* de música. Jules acredita no poder curativo e transformador da música. Ela é uma linguagem univer-

Parte do grupo da "Maratona de Natal", numa visita ao Hospital Municipal Miguel Couto, na Gávea, Rio de Janeiro, em dezembro de 2016.
Crédito da foto: arquivo do Cantareiros.

sal, que chega diretamente ao coração, sem barreiras, sem filtros e sem julgamentos, não importando sua origem, sua cor, sua religião ou seu *status* social. Muitas pessoas precisam apenas de uma palavra de atenção. Ao longo dos anos, já foram presenciados casos de pacientes que estavam em depressão profunda, sem qualquer reação durante meses, abrirem um sorriso durante as apresentações do grupo. Houve o caso de um rapaz que havia sido baleado durante um assalto e saiu do coma enquanto os Cantareiros se apresentavam. Pacientes que tiram os braços debaixo dos lençóis para acenar em sinal de agradecimento. Uma senhora, internada numa CTI, que não falava há quatro meses, disse "obrigada" ao término de uma música. Os casos são muitos.

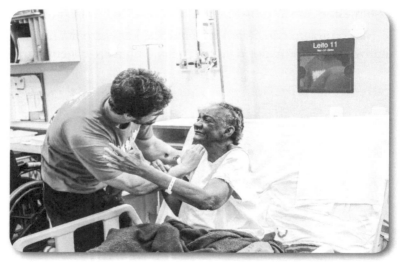

Jules durante uma visita ao Hospital Municipal Miguel Couto, em 2015.
Crédito da foto: arquivo do Cantareiros.

As boas vibrações vocais atraem boas energias, tão importantes para quem está em tratamento de saúde, por exemplo. Tudo vibra em harmonia no Universo, e não seria diferente com a música. Há vários estudos e pesquisas que comprovam o poder curativo da música. Assim como a harmonia contribui para a cura, a falta dela atrapalha. Por isso, Jules é tão exigente quando o assunto é afinação. – Imagine um médico que realiza uma cirurgia sem ter feito assepsia corretamente. Um farmacêutico que não utilizou as doses certas das substâncias ao manipular um medicamento. O Cantareiros também precisa ser um grupo com vozes vibrando harmonicamente – diz Jules.

Ele gosta de citar Corine Heline, a escritora norte-americana autora de diversos livros sobre espiritualidade e cura pela música: "O indivíduo comum nem de longe suspeita dos poderes que podem ser transmitidos à Terra por meio da música. Porém, está rapidamente se aproximando a hora em que o homem escolherá sua música com o mesmo cuidado, critério e conhecimento inteligentes que ele usa hoje para escolher sua comida. Quando essa hora chegar, a música irá se tornar uma importante fonte de cura para muitas doenças individuais e sociais, e a evolução humana será tremendamente acelerada,"

E Jules tem planos de expandir ainda mais o projeto. Como todas as apresentações do grupo acontecem na cidade do Rio de Janeiro, ele sonha com apresentações por todo o Brasil. Que a música do Cantareiros possa se espalhar cada vez mais, levando boas energias pelas vozes de tanta gente vibrando harmonicamente numa mesma direção: o amor.

9 Cinema no Beco

Em 1895 no final do século XIX, na França, o cinema foi inventado pelos irmãos Louis e Auguste Lumière. No ano seguinte, o cinema já chegava ao Brasil, no Rio de Janeiro, por iniciativa do belga Henri Paillie. Numa sala alugada no *Jornal do Commercio*, na Rua do Ouvidor, no centro da cidade, foram projetados oito filmetes com cerca de um minuto de duração cada. Apenas a elite da época participou do evento, pois os ingressos não eram baratos. Muitos anos se passaram e os ingressos ainda continuam inacessíveis a uma boa parcela da população brasileira. Além disso, um jornal brasileiro divulgou em dezembro de 2015 o resultado de um estudo que revelava que somente 10% das cidades brasileiras têm cinema. O percentual é bem inferior à quantidade de cidades com teatro ou sala de espetáculos, que chega a 23,4%. Os dados levantados em 2014 são da Pesquisa de Informações Básicas Municipais, divulgada pelo IBGE. Além do baixo porcentual, os cinemas estão normalmente concentrados nas áreas mais nobres das cidades. Considerado a sétima arte, o cinema se junta à música, ao teatro, à pintura, à escultura, à arquitetura e à literatura, para levar educação e lazer, entretenimento e gerar a reflexão por meio da abordagem de temas diversos, contribuindo para a formação dos cidadãos.

Quando as Bonecas de Propósito visitaram o atelier de uma voluntária na região do Complexo da Maré, passei por um cestinho com uma placa que anunciava um posto de coleta de óleo que seria "transformado" em cinema para crianças da comunidade. Aquilo me chamou a atenção.

Seus pais são da Paraíba e, na década de 1950, viajaram de pau de arara para chegar no Rio de Janeiro. Se instalaram em Duque de Caxias, e em 1957 foram parar na praia de Ramos, no complexo de favelas da Maré. E foi lá que Lindenberg da Silva – ou simplesmente Bhega Silva – nasceu. Ele diz que seu pai era conhecido como sósia do violinista Dilermando Reis. Boêmio, tocava violão nos finais de semana. Sua mãe era costureira e proibia os sete filhos de aprenderem a tocar violão, como medo que ficassem boêmios como o pai. Bhega pegava o violão escondido da mãe e com 12 anos começou a dedilhar alguma coisa. Em 1976, ele participou de um festival de música chamado "O Jovem diz o Samba", realizado no auditório de uma universidade em Bonsucesso, representando sua escola. A música era de sua autoria, se chamava "Namoradeira" e ficou em quarto lugar. Em 1981, Bhega ganhou o primeiro lugar num festival da escola, como melhor intérprete, com a música "Rosa Morena". O resultado deu um prêmio em dinheiro, usado por ele para construir a laje da casa onde mora atualmente. Bhega já gravou 3 CDs, todos com um viés social e ecológico. Para promover a campanha contra a dengue, ele já se vestiu de mosquito e andou pelas ruelas da Maré para chamar a atenção das pessoas sobre o problema, cantando uma música também de sua autoria. Já trabalhou com bijuteria, como servente, ajudante de pista no aeroporto internacional, mensageiro, porteiro e zelador, mas em 2012, com 50 anos de idade, começou a ter dificuldades de arrumar um emprego. Foi quando ele resolveu montar uma bicicleta com alto-falantes para vender seus CDs e fazer propaganda para os comerciantes da região. A ideia surgiu quando Bhega se deu conta de que os carros de som não conseguiam passar pelas estreitas ruas e becos da Maré.

Entre uma pedalada e outra, no final de 2013, Bhega começou a perceber a grande quantidade de óleo usado que era descartado de qualquer maneira por moradores e estabelecimentos, nas ruas e em vasos sanitários, entupindo ralos, tubulações e poluindo o meio ambiente. – Quando era ainda menino, comi peixe, nadei, namorei, brinquei e joguei futebol na praia de Ramos, que atualmente está muito poluída. Prometi que enquanto estivesse vivo, lutaria de algum modo para contribuir em prol do planeta – diz Bhega. Ele decidiu lançar uma iniciativa para ser um ponto de coleta do material e descobriu que a refinaria local pagava o valor de R$ 0,80 por litro de óleo usado. Certo dia, passando em sua bicicleta numa localidade da Maré, um menino perguntou se o teatro e o cinema da região haviam fechado, pois ele não ouvia mais Bhega anunciá-los. Ele foi para casa pensando em como o valor arrecadado com o óleo usado poderia ser revertido em benefício da população. Foi assim que nasceu o projeto *Cinema do Beco*, para oferecer sessões gratuitas de cinema ao ar livre, principalmente para crianças da região. Ao mesmo tempo que promove educação ambiental, Bhega também democratiza a cultura, levando entretenimento e lazer para quem, muitas vezes, nunca esteve num cinema.

Logo do projeto.

O aparelho de DVD e a lona que recebe a projeção foram adquiridos com o dinheiro coletado da venda de óleo. O projetor foi doado pelo dono de um comércio da região, as exibições acontecem duas vezes por semana, nos finais de semana, e contam com pipoca e refrigerante, providenciados pelos próprios moradores, comerciantes ou por Bhega. A escolha dos filmes atende aos desejos e às sugestões dos moradores, com foco em filmes infantis ligados a temas ambientais e a valorização da natureza. O local da exibição varia e são eles que fazem um mutirão de limpeza para deixar o espaço arrumado para tudo acontecer. Uma hora antes da sessão começar, é Bhega que anuncia local e horário, percorrendo as ruas da comunidade em sua bicicleta com alto-falante. É a mesma bicicleta que serve de apoio para o projetor na hora da exibição da sessão. – Não temos poltronas confortáveis, nem cadeiras, nem ar-condicionado, mas saio de cada sessão de

Uma bicicleta, um projetor e uma tela: entretenimento e cultura ao ar livre.
Crédito da foto: arquivo pessoal de Bhega.

Uma das sessões de cinema: para muitos, a primeira experiência.
Crédito da foto: arquivo pessoal de Bhega.

alma lavada – diz ele. Os encontros chegam a reunir 70 crianças, que também contam com a presença de adultos e pessoas idosas.

Em 2015, o projeto foi selecionado por meio de um edital da Secretaria Municipal de Cultura e recebeu uma verba que foi utilizada para aquisição de novos e mais modernos equipamentos. Atualmente, o projeto já conta com projetor, mesa de som, amplificador, microfone sem fio e outros materiais como cabos e equipamentos elétricos. Bhega estima que cerca de 7 mil litros de óleo já tenham sido descartados corretamente desde que o projeto começou em 2013.

Bhega espera conseguir montar um cinema "de verdade" para as crianças. Certo dia, o proprietário de um galpão na Maré perguntou a ele o que acontecia quando chovia nas sessões de cinema na rua. "As exibições não acontecem quando chove." Foi o bastante para o dono do galpão ceder os fundos do estacionamento, onde Bhega colocou carpete e lona, mas faltavam as cadeiras. Por meio de doações, já foram recebidas quase 30 cadeiras. Cada uma delas recebe uma plaquinha com o nome do doador, em sinal de agradecimento. Em junho de 2017, aconteceu a primeira exibição de um filme no novo espaço. A entrada para a sessão, Bhega diz que será sempre um sorriso. Isso sim que é cinema de verdade.

10 Circo Crescer e Viver

A história do circo vem de priscas eras. O primeiro circo a se tornar conhecido foi o *Circus Maximus*, que teria sido inaugurado no século VI a.C., durante o Império Romano. No espaço, aconteciam corridas de bigas – uma espécie de carro de duas rodas puxado por cavalos – e com o tempo foram surgindo as lutas de gladiadores, apresentações de pessoas com habilidades incomuns, como engolidores de fogo e domadores de animais selvagens. O circo moderno – aquele com picadeiro circular – surgiu apenas no século XVIII, em 1768, na Inglaterra, contando com a participação de palhaços, acrobatas e malabaristas. Cerca de 50 anos depois, o modelo já havia se alastrado pelos quatro cantos do mundo. No Brasil, a história do circo começou um pouco mais tarde, já no século XIX, com a chegada de famílias e grupos vindos da Europa que se instalaram por aqui.

O ex-catador de caranguejos Junior Perim nasceu em São Gonçalo, cidade que fica depois de Niterói, do outro lado da famosa ponte, distante 30 quilômetros do centro da cidade do Rio de Janeiro. Segundo dados do IBGE, São Gonçalo tinha pouco mais de 1 milhão de habitantes em 2016, sendo a segunda cidade mais populosa do Estado, ficando atrás apenas da capital. As estatísticas de pobreza e de violência da cidade são elevadas, reveladas por pesquisas e muito noticiadas em grandes veículos de comunicação. Junior teve uma infância pobre e vivia entrando e saindo da escola por causa de trabalhos que precisava exercer para levantar algum dinheiro. Aos 9 anos, chegou a catar caranguejo às margens da Baía de Guanabara e vendia o que conseguia em feiras livres da região. Também trabalhou num aviário como magarefe – aquele que abate frangos. Na adolescência, Junior fez parte do movimento estudantil e o engajamento social aconteceu no mesmo momento. Anos mais tarde, em 2001, ele foi diretor de projetos sociais na Escola de Samba Porto da Pedra, e foi exatamente nesse ano que a escola ganhou o carnaval do Grupo de Acesso com um enredo em homenagem aos dez anos do Estatuto da Criança e do Adolescente. O título do samba era "Um Sonho Possível: Crescer e Viver! Agora é Lei". A vitória no carnaval foi inspiração para que Junior começasse a organizar atividades esportivas e de música para jovens na quadra da Porto da Pedra, mas ele sentia que ainda faltava alguma coisa. Junior sonhava com um projeto em que a arte fosse o ponto central.

Vinícius Daumas, também nascido e criado em São Gonçalo, tem duas irmãs mais velhas, ambas professoras, assim como sua mãe. Durante anos, seu pai trabalhou distribuindo leite para padarias e supermercados, e, quando não estava na escola, aos 15 anos de idade, ele também ajudava na tarefa. Vinícius também trabalhou como meio oficial gráfico na gráfica de seu cunhado e como operador na balança de pesagem dos caminhões de lixo, no aterro sanitário de São Gonçalo. Concluiu o ensino médio aos 17 anos, na universidade chegou a cursar Geografia, Direito e Comunicação Social, mas não terminou nenhuma das graduações. Atuou como articulador cultural em escolas públicas entre 1995 e 1996 – particularmente nos CIEPs, os centros integrados de educação pública, idealizados pelo antropólogo Darcy Ribeiro na década de 1980. Um amigo seu, que era mágico, indicou Vinícius para um projeto chamado *Caravana da Cultura*, que funcionou de 1996 a 2002, com a proposta de levar gratuitamente arte e cultura para o país inteiro, em espaços públicos como ruas e praças. Em seis anos, Vinícius visitou exatamente 636 cidades do país, muitas sem nenhum equipamento de cultura. Em cada cidade visitada, eram oito horas de atividades ininterruptas envolvendo música, teatro e circo. Em 1996, numa apresentação na Praça Seca em

Jacarepaguá, um dos palhaços faltou e foi quando o Diretor pediu que Vinícius "quebrasse um galho". Foi a primeira vez que Vinícius atuou como palhaço na vida. A experiência foi tão gratificante que o quebra galho virou atividade rotineira pelos anos seguintes.

Pouco depois da vitória da Porto da Pedra no carnaval, ainda em 2001, Junior encontrou com Vinícius na porta de um bar em São Gonçalo. Eles já se conheciam da época do movimento estudantil. Junior descobriu que Vinícius havia se tornado palhaço. Foi um reencontro de almas. O desejo de Junior em ter um projeto com arte e o amor de Vinícius pelo picadeiro fez com que, menos de um ano depois, em 2002, o circo Crescer & Viver nascesse em São Gonçalo, na quadra da Porto da Pedra, voltado para crianças e adolescentes.

Logo do projeto. Nome inspirado no enredo campeão da Porto da Pedra em 2001.

Em 2002, Siro Darlan, era juiz da 1ª Vara da Infância e da Juventude no Rio Janeiro e havia se aproximado muito da Porto da Pedra por causa do enredo no ano anterior, e assim pôde conhecer o trabalho que estava sendo desenvolvido pelo circo Crescer & Viver na quadra da escola de samba. Foi o bastante para sugerir que o projeto fosse também para o Rio de Janeiro, para gerar impacto social por lá. Foi em 2004 que o Crescer & Viver cruzou a ponte e, numa parceria com o Juizado da Infância e da Adolescência, criou mais uma base e começou a instalar sua tenda no terreno onde atualmente existe a estação do metrô Cidade Nova. Com a construção da estação do metrô, eles precisaram se mudar e viram um local vazio na Praça Onze. Era um espaço utilizado como estacionamento: de noite tinham uns reboques estacionados, venda de drogas e prostituição infantil. Determinada madrugada, Junior e Vinícius começaram a armar a lona do circo. Foi literalmente uma invasão. Alguns anos mais tarde, em 2009, o poder público pediu o terreno para construir o moderno Centro Integrado de Comando e Controle, e o Crescer & Viver teve que se mudar mais uma vez, para um terreno vizinho, dessa vez, cedido formalmente pela Prefeitura. É onde atualmente está o circo, bem ao lado da estação de metrô da Praça Onze.

Com a mudança da quadra da Porto da Pedra para outro local, em 2005, o projeto do circo foi parar uma escola pública. O local – o piso térreo de um CIEP – não tinha iluminação, estava sem manutenção e sujo. Eles revitalizaram o espaço e passaram a realizar as atividades ali, para 140 crianças, incluindo meninos que já haviam cometido pequenos delitos, o que gerou uma reação negativa de algumas pessoas do entorno. Mas Júnior e Vinícius acreditam no poder de recuperação social, onde pela magia do circo, a criança pode deixar os pequenos delitos para trás e começar a construir um futuro melhor, com desenvolvimento social e humano, resgatando a autoestima muitas vezes perdida. As atividades aconteceram simultaneamente no Rio e em São Gonçalo até 2009, quando então, por falta de recursos, tudo foi concentrado apenas na lona da Praça Onze.

Desde que começou a existir, já passaram cerca de 10 mil jovens pelo Crescer & Viver, a grande maioria em situação de vulnerabilidade social. Cerca de 80% deles têm algum parente com antecedentes criminais, com passagens pela prisão. Em 2017, são cerca de 300 alunos, divididos em dois grupos, que recebem gratuitamente aulas no circo. O primeiro grupo é formado por crianças de 7 a 14 anos, em situação de vulnerabilidade social, que contam ainda com apoio de psicólogos e assistentes sociais. O outro grupo atende jovens de 15 a 24 anos, para aqueles que desejam seguir a carreira circense. É perfeitamente possível migrar do primeiro para o segundo grupo, e é importante enfatizar que existem pessoas de classes sociais privilegiadas no segundo grupo que obviamente nunca precisaram passar pelo primeiro. Essa mistura de classes sociais no segundo grupo é especial e permite que cada um mude sua percepção sobre o outro.

Em 2012, o Crescer & Viver organizou a primeira edição do Festival Internacional de Circo do Rio de Janeiro, abrindo portas para diversos grupos mostrarem a sua arte. O evento, além de difundir as artes circenses para diferentes públicos, também de-

Registro de um espetáculo produzido pelo Crescer & Viver.
Créditos da foto: arquivo do projeto.

mocratizou o acesso à cultura, levando espetáculos e atividades para todas as regiões da cidade. Apenas na sua primeira edição, o festival apresentou espetáculos em 28 favelas e comunidades populares, priorizando o uso de espaços e equipamentos públicos, como escolas, parques e praças, em todas as regiões da cidade, totalizando 43 bairros e comunidades, sempre com entrada franca. Nas quatro edições realizadas – 2012, 2014, 2015 e 2016 – estima-se que um público de 250 mil pessoas tenha sido atingido. O evento acontece a cada dois anos, e 2015 contou com uma edição especial em comemoração aos 450 anos da cidade do Rio de Janeiro.

– O circo tem uma capacidade de tocar as pessoas que é impressionante – diz Vinícius. No circo, o adulto pode voltar a ser criança e a criança se sente importante. Francisco, um menino que começou a frequentar o Crescer & Viver aos 6 anos de idade, revela que o que o faz acordar todos os dias é a emoção de aprender coisas novas. Os jovens atualmente atendidos no primeiro grupo são em sua grande maioria da comunidade São Carlos, do centro do Rio, a poucos metros da lona. Junior e Vinícius querem que a condição de invisibilidade desses jovens dê lugar à inclusão social. Algumas não só perderam a invisibilidade como passaram a

Uma aula sob a lona atual na Praça Onze, no Rio.
Créditos da foto: arquivo do projeto.

ser enxergadas pelo mundo, pois depois de passarem pelo Crescer & Viver foram trabalhar como artistas em companhias circenses na Europa. É o caso de Djferson, um jovem que lavava carros no terreno do estacionamento onde o circo se instalou. Ele foi recusado quatro vezes em outras companhias de circo por ter desejado ser trapezista e pesar 127 quilos. Fez teste para o Crescer & Viver e foi aprovado. Em sua primeira viagem para o exterior, foi para a Itália, onde se apresentou em Bari, de frente para o Mar Adriático. Foi a sensação da apresentação. Já esteve também na Bélgica e Inglaterra. Hoje, ele trabalha se apresentando em cruzeiros e atua como trapezista em Estocolmo, na Suécia.

Cristiano, nascido e criado em São Gonçalo, é filho de um paraibano e de uma portuguesa. Foi o aluno da matrícula nº 1 do Crescer & Viver, desde quando ainda funcionava na quadra da Porto da Pedra. Ele é um daqueles artistas completos, que faz de tudo: acrobacia, malabares, equilibrismo e trapézio. É um exímio malabarista, um dos melhores que já surgiu no Brasil, sendo um dos poucos que faz malabarismo com oito bolas. Hoje com

23 anos, Cristiano tem dupla cidadania e há oito anos mora na Europa, viajando para diversos países levando a arte do circo para palcos, picadeiros, festivais e programas de TV.

Em 2013, Tayane estava numa escola e faculdade de dança. Quase todos os seus colegas de turma já eram do circo. Ela foi convidada para a cerimônia de formatura de um deles no Crescer & Viver e diz que ao ver o tecido acrobático ficou apaixonada. – Foi uma imagem inesquecível – lembra ela. A professora da faculdade de dança pediu que os alunos relatassem como se imaginavam num universo de cinco anos. Tayane disse que estaria no tecido acrobático sem nunca ter feito isso antes na vida. Pouco depois, por indicação de amigos, ela já havia agarrado uma oportunidade na Intrépida Trupe, onde ficou por nove meses e aprendeu a fazer acrobacias aéreas. No final de 2013, um outro amigo comentou que abririam vagas no Crescer & Viver. Na véspera do teste, Tayane diz que choveu muito na cidade, causando muitos transtornos, o que fez ela se atrasar no dia seguinte e infelizmente perder o teste. Parecia um pesadelo, mas, para sua sorte, houve uma segunda chamada extraordinária com dez pessoas, e ela pôde fazer o teste e ser aprovada. Aprendeu acrobacia de solo, malabares e equilíbrio, para ampliar sua formação. Diz que além disso, passou por um grande processo de amadurecimento artístico e pessoal pelos três anos seguintes. "Encontro semelhança direta entre o que fazemos no circo e na vida fora da lona: lidamos o tempo inteiro com segurança, equilíbrio, confiança, força e técnica. Somos nós os próprios agentes da mudança. Se erramos, precisamos ter coragem para levantar até acertar."

O Crescer & Viver não quer apenas ser reconhecido pelo impacto social de suas ações, mas também pela qualidade técnica e artística dos espetáculos que produz. Junior e Vinícius sonham em não terem que conviver frequentemente com o fantasma do risco de encerramento das atividades por falta de verba. Não querem depender exclusivamente de verbas de patrocínio ou doações, mas que o reconhecimento da qualidade do trabalho desenvolvido com o circo possa tornar o projeto autossustentável, proporcionando a realização de mais sonhos e criando ainda mais oportunidades.

11 Down, Música & Amor

A presença de três cromossomos 21 é o que explica os olhos puxadinhos que caracterizam uma pessoa com síndrome de Down. Pouco se sabe sobre a razão da existência de 47 cromossomos em suas células, em vez de 46 como na grande maioria das pessoas. A síndrome de Down não é uma doença que precise de remédio para tratamento, é apenas uma mutação genética. É preciso muito amor, muito carinho e muita compreensão para lidar com pessoas com síndrome de Down. Elas precisam frequentar as escolas normalmente, aprender a ler e a escrever, desenvolver autonomia e trabalhar. Num ritmo diferente, é verdade, mas elas são capazes. Em 2015, uma organização de saúde estimava uma população entre 270 e 300 mil pessoas com síndrome de Down no Brasil, o que equivale a um novo caso a cada 700 nascimentos. Com fisioterapia e fonoaudiologia, é possível contribuir com o desenvolvimento da criança com síndrome de Down. A música como ferramenta terapêutica também tem contribuído bastante.

Foi no Cantareiros que eu a conheci, numa visita realizada em 2016. Dona de uma linda voz, ela logo chamou a minha atenção. Ela já havia indicado outras duas amigas antes de ter tomado a decisão de se juntar ao grupo. "Só me candidatei quando achei que estava pronta."

Roberta Cunha se formou em Turismo aos 22 anos de idade. Ela trabalhava no escritório do Rio de Janeiro de uma companhia aérea norte-americana. Após os ataques do 11 de setembro de

2001 às torres gêmeas em Nova York, o escritório do Rio fechou as portas e ela ficou desempregada. Resolveu aproveitar os conhecimentos que tinha da língua inglesa e foi trabalhar com tradução, legendando filmes, entre outros. "Sempre fui muito tímida e com tradução podia trabalhar muitas vezes de casa, no meu canto." Roberta sempre gostou muito de cantar, mas cada vez que cantava na presença dos irmãos mais velhos era motivo de chacota, o que a deixava cada vez mais intimidada. Com quase 30 anos, foi procurar um curso de cantoterapia justamente para trabalhar essa questão da timidez e se apaixonou pela música. Roberta diz que os primeiros seis meses foram explosões de emoções, ela cantava chorando. "Me apaixonei pela música, por mim e também conheci o amor da minha vida" – resume ela. Aos 30 anos, resolveu fazer faculdade de fonoaudiologia, com a ideia de trabalhar com arte e voz, atores e cantores. Recém-formada, começou a trabalhar na Companhia Musical, uma escola de música na Barra da Tijuca. Seis meses depois, em 2012, apareceu uma mãe com a filha com síndrome de Down. Teve receio de não saber dar aula de música para alguém com síndrome de Down. Logo nas primeiras aulas, o medo deu lugar à paixão.

Por conta da nova aluna, Roberta foi convidada para dar aulas de canto na Sociedade de Síndrome de Down (SSD) que também fica na Barra da Tijuca. Ela reservou uma tarde da semana para esse trabalho. Começou com uma turma, mas o sucesso foi tanto que precisou abrir dois novos horários. Pouco depois, por uma questão administrativa interna, o trabalho precisou ser encerrado e foi assim que ela resolveu abrir vagas para alunos com deficiência intelectual na Companhia Musical, que é basicamente uma escola de música para adultos. Aconteceu praticamente uma migração dos alunos.

Logo da escola de música onde Roberta é professora de cantoterapia.

Ela diz que a paciência não é uma característica sua, mas que curiosamente é muto paciente com seus alunos.

Assisti uma de suas aulas e pude comprovar o carinho com que trata todos eles. Não há repetição que a deixe nervosa: ela é capaz de responder com doçura cinco ou seis vezes a mesma pergunta de um aluno num curtíssimo intervalo de tempo. Tem alunos que vêm de longe, de Duque de Caixas e de Campo Grande, pela grande carência de aulas similares no Rio. Em alguns shows organizados pela Companhia Musical, os alunos com síndrome de Down participam junto com os demais, contribuindo assim para acabar com a questão do preconceito. É uma inclusão verdadeira que acontece. – Há 20 anos, as pessoas com síndrome de Down viviam escondidas, praticamente invisíveis para a sociedade – diz Roberta. Hoje, já existem até cafés em São Paulo que empregam pessoas com síndrome de Down.

Roberta cercada por muitos de seus alunos com síndrome de Down: alegria contagiante.
Créditos da foto: arquivo pessoal de Roberta.

Alguns dos alunos com síndrome de Down num show organizado pela Companhia Musical.
Créditos da foto: arquivo pessoal de Roberta.

Ninguém ensinou Roberta a lidar com alunos com síndrome de Down. Ela aprendeu tudo sozinha e descobriu que no fundo não há muito mistério a não ser amá-los profundamente e ser paciente. Em junho de 2017, ela já dava aula para cerca de 30 alunos com síndrome de Down, autistas e com outras deficiências intelectuais também. "Foi um processo muito natural, quando me dei conta já estava especializada em dar aulas para pessoas com alguma deficiência intelectual, sobretudo com síndrome de Down. Em geral, o preconceito acontece por desconhecimento."

Os amigos têm uma admiração enorme pelo trabalho que a Roberta realiza com seus alunos, mas ela acha que não faz nada de especial. Ela entende tudo isso como uma espécie de missão. Nesses cinco anos de aulas para pessoas com síndrome de Down, aprende com eles um pouco mais sobre a simplicidade, a pureza, a falta de censura, e de falar exatamente o que se está sentindo. As aulas começam sempre com 15 minutos de antecedência, pois ela percebe que eles gostam muito de ser ouvidos. Quando ela chega atrasada e isso não acontece, é logo chamada a atenção: "A gente não contou o que fizemos essa semana!" A aula só começa mesmo depois desse bate-papo inicial.

No dia do aniversário da Roberta, uma de suas alunas escreveu uma mensagem para ela: "Roberta é muito legal, simpática, bonita, cheirosa, querida, alegre, sorridente, boa companheira, gentil e educada. Todos os seus alunos estão muito felizes de fazer aula de canto com você. Você é capaz de ensinar muito mais para todos os seus alunos que vão aprendendo a cantar mais devagar. Você é bom exemplo de professora que sabe muito bem lidar com todos os seus alunos. Roberta é uma luz que ilumina a todos. Somos capazes de cantar os maiores sucessos de músicas de diversos artistas. (...) Nós sempre estaremos com você para qualquer momento, bons e ruins. Se precisar de alguma ajuda é só lembrar de pedir aos seus alunos. Nós amamos muito você."

Roberta quer estudar mais, aprender mais e tem vontade de viajar para fora do Brasil para aprimorar seus conhecimentos sobre a síndrome de Down. Quer aplicar tudo que aprender em benefício daqueles que estiverem presentes em suas aulas de música. Ela diz que a sensação de felicidade ao dar aulas de música para pessoas com alguma deficiência intelectual é diferente de tudo que já sentiu antes na vida.

12 Endeleza

O Quênia é um país africano localizado na costa leste do continente com uma população atualmente estimada em 45 milhões de habitantes, segundo um levantamento de 2013. Foi colônia explorada por países europeus por muitos anos, sem compromisso com o desenvolvimento local. Somente em 1963 tornou-se independente. Pela miséria que assola o país, a expectativa de vida gira em torno dos 61,08 anos e o PIB *per capita* é de 1.245 USD. A título comparativo, a expectativa de vida no Brasil é de 73,62 anos e o PIB *per capita* é de 11.208 USD ou ainda quase dez vezes mais que no país africano. Segundo o relatório de percepção da corrupção de 2016, emitido anualmente pela organização Transparency International, o Quênia ocupava a triste 148ª posição de um total de 176 países. Mais da metade da população vive com menos de 1 USD por dia. A elevada corrupção perpetua o ciclo da pobreza por gerações.

No início de 2017, as Bonecas de Propósito estiveram em Curitiba para conhecer o Instituto Legado, de empreendedorismo social. No último andar da casa que abriga o Instituto, alguns projetos dividem o espaço. Logo na entrada, fotos de crianças negras sorridentes enfeitavam as paredes. Foi assim que tomei conhecimento do projeto *Endeleza*, que tem como ponto central a educação.

Em 2011, José Lucas Truite Seleme – ou simplesmente Zé Seleme – um jovem curitibano, foi trabalhar como voluntário num projeto de educação complementar para crianças da comunidade de Kaithé, no Quênia. O convite partiu da fundadora da associação francesa *Les Amis de Kaithé* – que é parente de Zé Seleme – e durou um mês e meio. Ele encontrou uma região vivendo basicamente da agricultura de subsistência e uma população que, embora castigada pela seca, pela falta de saneamento básico, pela fome e por doenças como Aids e malária, ainda encontrava otimismo para viver e o recebeu de uma forma muito calorosa. Pode observar também que muitas crianças não estudavam porque trabalhavam na agricultura ou precisavam ir atrás de alimentos para saciar a fome. Mas também não existiam escolas públicas em boas condições esperando alunos: faltavam professores e salas de aulas adequadas. O ensino primário, apesar de oficialmente gratuito, nem sempre acontece. Falta dinheiro para pagar os professores, e somente as famílias que podem se reúnem para arcar com as despesas. Os alunos que conseguem concluir o ensino primário, são avaliados por um exame nacional chamado *Kenya Certificate of Primary Education* (KCPE), e, dependendo do resultado, são convidados para o ensino secundário público. As escolas de ensino secundário são todas pagas, e, assim, aqueles que estão aptos para o ensino secundário nem sempre conseguem arcar com as despesas e ficam privados de estudarem, dependendo mais uma vez das famílias que podem pagar por isso.

As irmãs Doreen e Eunice são gêmeas e começaram seus estudos na escola secundária chamada Ruiri Girls, somente para meninas. Essa escola possuía salas de aula adequadas, professores qualificados e elas ainda recebiam alimentação. Em valores da época, cada uma delas precisava desembolsar o equivalente a R\$ 70 por mês para estudar lá. Apesar de apresentarem boas notas na escola, elas não tinham condições de permanecerem na escola por falta de dinheiro. Seus pais morreram de malária quando elas ainda eram muito pequenas, e ambas foram criadas pela avó. Sensibilizado com a história de Doreen e Eunice, Zé Seleme decidiu arcar com R\$ 140 por mês permitindo, assim, que elas

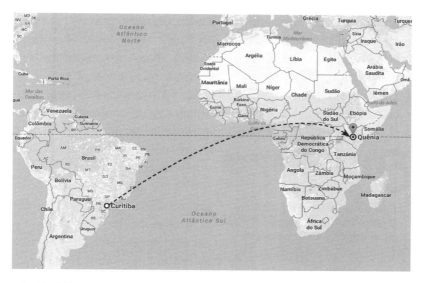

De Curitiba para o Quênia: uma viagem de quase 10 mil quilômetros de distância.

permanecessem na escola. Era o pontapé inicial para o que se tornaria, algum tempo depois, o Programa de Apadrinhamento. Quando retornou a Curitiba, ele reuniu os amigos da faculdade para compartilhar a história das gêmeas. Desse encontro, nasceu a Endeleza, em junho de 2012, com a missão de proporcionar que mais jovens pudessem seguir o mesmo caminho de Doreen e Eunice. O projeto nasceu acreditando que com educação de qualidade é possível desenvolver de forma sustentável uma comunidade. As atividades acontecem em Buuri, distrito do interior na região central do país, onde cerca da metade da população vive abaixo da linha da pobreza e onde não há ensino primário gratuito. O nome Endeleza significa prosperidade em swahili, o idioma nacional do Quênia.

Bruna Fritzen é cofundadora da Endeleza. Ela conheceu o Zé Seleme na faculdade e tinha acabado de desistir de seguir a carreira diplomática, que era um sonho de criança. Como estava na dúvida se era mesmo esse caminho a seguir, ela decidiu conhecer o terceiro setor e se apaixonou. Letícia Usanovich sempre trabalhou no mundo corporativo até que tomou conhecimento da Endeleza e abandonou seu trabalho em 2015 para atuar como voluntária, com o desejo de realizar um trabalho voluntário na África. Em pouco tempo, foi morar no Quênia por seis meses, já em 2016, como Diretora de Projetos. Ela e Zé Seleme tocam a parte operacional dos projetos e Bruna trabalha mais no *backoffice*, principalmente no *marketing*. Juntos, os três são os responsáveis pela organização.

Logo do projeto tem a silhueta de um elefante, chamado Rafiki, que significa amigo em swahili.

Muita gente deve estar se perguntando: "Com tanta coisa para fazer no Brasil, por que fazer algo lá no Quênia?" O projeto fez um levantamento e concluiu que com apenas R$ 20 é possível garantir um mês inteiro com duas refeições diárias para uma criança na escola primária no Quênia. A quantia paga ainda o equivalente ao salário de um professor por dois dias. Com o potencial de impacto do valor e considerando a questão de extrema vulnerabilidade e miséria da população local, a decisão foi de atuar no Quênia. Além disso, o projeto destaca ainda a elevada carga tributária e burocracia no Brasil como fatores que levaram à decisão de implementar um projeto fora daqui. Num mundo cada vez mais globalizado, as ações da Endeleza também seguem essa tendência.

Os primeiros 30 padrinhos de crianças apareceram em 2013. O projeto firmou uma parceria com três escolas internas do Quênia, garantindo que 15 meninas e 15 meninos pudessem cursar o ensino secundário. O apadrinhamento não é apenas para dar o dinheiro: o projeto fomentou a troca de correspondências entre padrinhos e alunos, para a criação de laços afetivos entre as partes. Além disso, os padrinhos recebem os boletins dos alunos para que possam acompanhar o desempenho e o progresso deles nos estudos. Em 2014, a quantidade de alunos apadrinhados aumentou em mais de 50%, passando para 46. Cada padrinho é conhecido como "Rafiki", que em swahili quer dizer "amigo". Foi nesse ano que a equipe de gestão do projeto pôde passar um mês inteiro no Quênia, visitando as escolas e os alunos beneficiados, o que foi

Crianças no Quênia na escola, beneficiadas pelas ações da Endeleza.
Crédito da foto: arquivo da Endeleza.

muito importante para criar ainda mais possibilidades de melhorias e de ajuda pelo conhecimento da cultura e dos hábitos locais.

Com três anos de existência do Endeleza, em 2015 foi criada uma frente para custear a alimentação de estudantes da Escola Primária de Mugae. Com mais 120 Rafikis, o projeto já conseguiu proporcionar mais de 82 mil refeições que beneficiaram mais de 250 crianças e, em 2017, esse número está crescendo. Em 2016, depois de alguns anos de experiência no Quênia, a Endeleza foi convidada a assumir a gestão do centro de estudos *Les Amis de Kaithé*, que foi a origem de tudo, quando Zé Seleme esteve pela primeira vez no país. O espaço foi transformado no Centro de Desenvolvimento Endeleza (CDE), que recebe 75 crianças todos os sábados para a prática de esportes e atividades recreativas diversas para o desenvolvimento da memória e do raciocínio lógico. Além disso, com a cessão do espaço, a Endeleza desenvolveu um projeto de costura para as mulheres da região, faz a manutenção de um poço artesiano para garantir água potável para toda a comunidade e mantém uma plantação, que varia de acordo com a sazonalidade, para gerar renda extra pela venda local.

O Programa Escola Primária Sustentável (EPS) foi lançado em 2017 pela Endeleza. Ele acontece em Mugae e segue o modelo Endelevu, que significa sustentabilidade em swahili. A ideia da sustentabilidade é dar uma conotação menos assistencialista ao projeto, permitindo que as pessoas consigam ser agentes diretos de mudanças. O modelo empodera a população por meio de ati-

A alegria das crianças na hora da refeição: impacto social da Endeleza.
Crédito da foto: arquivo da Endeleza.

vidades produtivas realizadas dentro do terreno da escola que possam envolver toda a comunidade e ser fonte de renda.

As ações da Endeleza têm três pilares como ponto de partida: a educação, o empoderamento e a sustentabilidade, que juntos permitem o desenvolvimento humano e comunitário. A proposta é proporcionar a liberdade nas esferas social, política e econômica para os atendidos pela organização, interrompendo, assim, o ciclo da pobreza.

A mãe de Zé Seleme percebe claramente a felicidade do filho, sobretudo quando ele está passando uma temporada no Quênia. "A voz dele muda, a alegria é contagiante." Ele sonha em expandir as atividades da Endeleza para outras regiões do Quênia e também para outros países do continente africano. O que o faz sonhar é saber que as ações da Endeleza estão impactando positivamente a vida de centenas de pessoas, levando, pela educação, desenvolvimento e prosperidade a quem precisa.

13 Escola Real Star Dance

Dança, teatro e música são artes praticadas pelo Homem desde a Antiguidade e que têm total relação entre si. Ao longo dos anos, a dança passou a ser percebida além da manifestação artística ou do divertimento, mas também como uma maneira de contribuir com a saúde. Estudos relevam que os benefícios físicos, emocionais, sociais e mentais são enormes. Os movimentos da dança aumentam os níveis de serotonina no organismo, proporcionando bem-estar, diminuem os níveis de estresse e contribuem para reduzir em mais de 70% o risco de doenças como o Alzheimer. E além de todos esses benefícios, tem gente utilizando a dança como ferramenta para transformar vidas.

Célia Regina, da Make-A-Wish, me apresentou Wallace Duarte, um jovem que nasceu em Antares, na zona oeste do Rio. Ele tem 27 anos e "respira" a dança desde criança, mais precisamente o ballet. Numa segunda-feira pela manhã, fomos nos encontrar com ele na entrada da Vila Kennedy, uma comunidade também na zona oeste, próxima de Bangu. Ele já entrou no carro com um sorriso largo no rosto. Em cinco minutos, pediu que parássemos o carro próximo a uma academia de luta livre, e logo avistei umas meninas com roupa de ballet na porta. *"O que uma academia de luta livre tem a ver com o balé?"*, pensei. Chegamos e encontramos um grande salão com piso emborrachado, um saco de pancadas preso ao teto num dos cantos da sala e muitas meninas muito bem arrumadas, todas com roupa de balé, dançando sobre o piso emborrachado. Sentamos num dos cantos da sala e começamos a conversar.

Wallace começou a dançar aos 4 anos de idade na Escola Municipal Otelo de Souza Reis, em Santa Cruz, zona oeste do Rio. Aos 8 anos, começou a fazer balé na Escola Soleil D'Or, também em Santa Cruz, onde se formou aos 16 anos. Relata nunca ter sofrido preconceito por ser homem e dançar balé, e que sempre foi muito respeitado por todos. Em 2009, assim que se formou na Soleil D'Or, começou a dar aula de balé na FIA Fundação da Infância e Adolescência (FIA), em Antares, para crianças da comunidade. E foi em 2010, durante um curso de extensão de dança com duração de três anos, realizado na UFRJ, que ele conheceu melhor os trabalhos da coreógrafa e bailarina Deborah Colker, da bailarina Ana Botafogo e do grupo "Nós no Morro" do Vidigal. Foram a fonte de inspiração para ele montar, em 2012, a sua própria companhia de dança, chamada Escola Real Star Dance.

Logo da escola de dança.

Ele nunca pensou em seguir uma carreira de bailarino. O sonho dele sempre foi ser professor de balé. – Quero ser veículo para ajudar a transformar o mundo para melhor pelo balé que eu ensino – diz Wallace. Pela dança, ele está criando multiplicadores, uma geração de pessoas que se preocupam com o próximo, assim como ele vem fazendo. Aqueles que têm muito talento para o balé, ele incentiva a seguir carreira profissional, sem esquecer que também podem ensinar balé para crianças de comunidades pobres. Independentemente do piso emborrachado onde ele dá aula na Vila Kennedy, Wallace orienta que os alunos – a grande maioria é de meninas – devem se comportar como futuros bailarinos do Theatro Municipal. Ele descobriu quem fornecia as roupas de balé para grandes escolas e companhias de dança e foi lá bater na porta. Conseguiu um belo desconto. – Tenho orgulho de ver todas elas vestidas com roupas de qualidade. Se com tão pouco conseguimos fazer alguma coisa, imagina se tivéssemos muito – diz ele.

O único teatro da Vila Kennedy, o Mário Lago, está abandonado e apresenta diversos problemas que impedem Wallace de tentar utilizar o espaço para as apresentações de balé. Ele relata problemas de iluminação, avarias no palco e nas instalações do teatro. Na impossibilidade de prestigiar a própria região onde atua, ele sonhou alto e foi bater na porta do Teatro Oi Casagrande, no Leblon, zona sul do Rio, querendo realizar uma única noite de apresentação. O teatro deu o preço para o aluguel do espaço, impossível de pagar. Wallace explicou todo o contexto e conseguiu uma redução de 50%, mas ainda assim era muito dinheiro. As mães das alunas se mobilizaram, venderam bolos e salgados, e ajudaram a levantar a quantia. O pagamento do valor foi dividido em várias parcelas e, em dezembro de 2016, Wallace conseguiu colocar seus alunos dançando no palco do teatro. Ele espera repetir o feito todo mês de dezembro pelos próximos anos.

Registro da grande noite de apresentação no Teatro Oi Casagrande, onde o tema foi o circo.
Crédito da foto: arquivo da Escola de Dança Star Dance.

A Star Dance atende cerca de 300 crianças. São 150 na Vila Kennedy, na escola de luta livre que cede o espaço, 80 em Antares, no prédio de uma antiga fábrica, dentro de um abrigo da Prefeitura para dependentes químicos, e 70 em Santa Cruz, no bairro João XXIII, num salão de festas. Todos são atendidos gratuitamente e muitas crianças estão na fila de espera esperando uma oportunidade para ter aulas com Wallace. Ele ainda consegue tempo para dar aulas pagas em condomínios e escolas particulares de Santa Cruz. Tem em torno de 100 alunos, cobra muito pouco e assim consegue ter alguma renda.

Em cima, alunas da aula em Antares. Em baixo, alunas da aula na Vila Kennedy, sobre o piso emborrachado da academia de luta livre.
Crédito das fotos: arquivo da Escola de Dança Star Dance.

Wallace conta uma situação que ilustra bem a transformação que o balé que ele ensina está trazendo para a vida das pessoas. Ele tinha uma aluna cujo irmão, traficante, a levava de moto para as aulas. Ele estava sempre armado. Determinado dia, o traficante pediu que Wallace o ensinasse a dançar, mas nada disso de balé, "que era coisa de gay". Ele criou uma aula específica de *jazz* com *hip-hop* e começou a dar aulas para o traficante. Durante as aulas, Wallace começou a perceber que ele tinha talento para o balé e disfarçadamente ensinava os passos da dança. Hoje, o tal traficante não só abandonou o tráfico como também o Brasil: está morando na Rússia e dançando no Bolshoi, uma das companhias de balé mais respeitadas do mundo.

Apresentação em homenagem ao Dia das Mães, em 2016, no teatro da Cidade das Crianças, em Santa Cruz.
Crédito da foto: arquivo da Escola de Dança Star Dance.

Além de bailarino, Wallace é também coreógrafo. Enquanto a gente conversava sobre aquele piso emborrachado, entre uma fala e outra, as alunas dançavam uma coreografia que está sendo ensaiada para a apresentação de dezembro. Ele citava o nome das alunas e contava um pouco sobre cada uma delas. "Aquela ali também está indo dançar no Bolshoi no mês que vem". Ele já recebeu convites para se apresentar fora do Rio, no sul do Brasil, e sonha em participar de festivais fora do país. Wallace tem planos de levar as aulas de ballet para muitas outras comunidades e de ter uma sede própria e adequada, com espelhos, um piso que não seja emborrachado e barras laterais. Para quem já sonhou com o Oi Casagrande e realizou o sonho, em breve tudo isso vai acontecer.

14 Espaço Logos

A construção de uma sociedade justa e equilibrada passa necessariamente pelo pleno exercício da cidadania por todos. Direitos e deveres estão interligados e é pela educação plena e de qualidade que isso pode acontecer. Vivemos uma espécie de legitimação da cultura do desrespeito e da falta de ética. Péssimo exemplo para crianças que utilizam o comportamento dos adultos como parâmetro para guiarem seus próprios comportamentos. Em fevereiro de 2017, a greve dos policiais do Estado do Espírito Santo mostrou um problema gravíssimo: arrastões, assaltos, saques e homicídios aconteceram na cidade de Vitória. Aulas nas escolas e universidades foram suspensas. Transporte público funcionando precariamente. Hospitais recusando pacientes. Nos apresentam o policiamento como solução. Será?

Ela se chama Vera Lúcia Harouche. Economista, foi assaltada em 1986 na Tijuca, bairro da zona norte do Rio, por uma criança que devia ter entre 9 e 11 anos de idade. Ele a abordou com um caco de vidro na mão querendo sua bolsa. Como estava calma, ela tentou argumentar, não entregou a bolsa, a criança a feriu no braço e logo em seguida fugiu correndo. Vera diz que ele deveria estar sob efeitos de alguma droga e que se cruzar novamente com aquele olhar é capaz de reconhecer o menino mesmo muitos anos depois – se estiver vivo, já é um adulto. – Aquele assalto mudou a minha vida. Aquele olhar jamais vou esquecer – diz ela.

Esse episódio foi o gatilho para que, em vez de ficar revoltada reclamando, ela tomasse uma decisão que poderia, de alguma maneira, evitar que outras crianças também entrassem no mundo do crime. Em 1996, ela fundou e coordena até hoje um espaço onde são oferecidas oportunidades para melhoria da qualidade de vida de crianças de comunidades de baixa renda, prioritariamente, do conjunto de favelas da Grande Tijuca: assim nasceu o *Espaço Logos*.

Logo do espaço: Cidadania consciente.

A princípio, a casa se chamava Espaço Logos Sagrado de Cidadania Consciente. Logos é um "conjunto harmônico de leis que comandam o universo, formando uma inteligência cósmica onipresente que se plenifica no pensamento humano". Pode ainda ser considerado sinônimo de justa medida, de razão. Como a casa não tinha nenhuma conotação religiosa, Vera preferiu retirar a palavra "sagrado" do nome original. Ela quer que as crianças que frequentam a casa saibam que elas têm ali o seu porto seguro, um abrigo, e que se sintam acolhidas.

O projeto atende 30 crianças das comunidades vizinhas na Grande Tijuca – das comunidades do Borel, da Casa Branca e da Formiga – em idades entre 6 e 13 anos em situação de vulnerabilidade social, com a missão de transmitir através de ações educativas, pedagógicas, culturais e recreativas, valores sociais, éticos, morais e humanitários para o pleno exercício da cidadania. Vera transformou a violência que sofreu em amor e doação, e acredita que transmitindo bons valores para as crianças está também impactando suas respectivas famílias e ajudando a construir uma sociedade melhor.

As crianças têm aula de reforço escolar, complemento de alfabetização, capoeira, teatro, violão, cavaquinho, canto coral, oficina de leitura, inglês, judô, entre outros, de segunda à sexta-feira, de 14 às 18 horas. A filosofia defendida pelo Espaço Logos é de que a sociedade civil precisa deixar apenas de cobrar do Estado e se envolver nas ações sociais tão importantes para o resgate da autoestima da população de baixa renda concentrada nas comunidades ou até mesmo na rua.

Crianças em aula de música.
Crédito da foto: arquivo do Espaço Logos.

Crianças fazendo judô.
Crédito da foto: arquivo do Espaço Logos.

Para participar, a criança precisa estar matriculada e frequentando uma escola pública. É o professor ou a professora que, ao detectar que a criança tem algum problema de ordem emocional, familiar ou de deficiência de aprendizagem, a encaminha para o Espaço Logos. Juntos ou isolados, esses fatores podem ser a causa para a criança representar no futuro um risco social, prejudicial principalmente à sua própria vida. Em toda atividade realizada no Espaço Logos, os professores voluntários dão notas individualizadas para as crianças, considerando grau de interesse, participação e comportamento. Essas notas servem para montar um gráfico mensal que mostra a evolução de cada uma delas na linha do tempo. Em paralelo, Vera desenvolveu um formulário com as cores verde, amarelo e vermelho, que precisa ser preenchido diariamente pela família para sinalizar o comportamento da criança em casa. Eles comparam as informações. Quando o desempenho da criança está piorando e atingindo níveis inferiores a 7, isso normalmente coincide com as cores vermelhas do formulário preenchido pela família. Nesses casos, a família é convidada para ir até o Espaço Logos para verificar as possíveis causas e traçar um plano de ação para melhorar a situação. Na grande maioria das vezes, há um problema familiar atrelado: separação dos pais, perda de emprego, violência ou uso de drogas. Além desses encontros pontuais, existem encontros quinzenais com as famílias, realizados aos sábados, em que o foco da conversa não é a criança, mas sim o próprio núcleo familiar. "Se pudesse, a criança só viria aqui na nossa instituição de 15 em 15 dias, quem viria de segunda à sexta seria a família." Com essa frase, Vera entende que os problemas têm origem na família. Assuntos relacionados com a educação e com limites e regras são importantes para que cada criança possa crescer e se desenvolver num ambiente saudável e esteja preparada para viver em sociedade são abordados nesses encontros.

Ela conta que não pretende expandir as atividades para atender mais do que 30 crianças. Diz que, assim, consegue garantir a qualidade em tudo que é oferecido pelo Espaço Logos. – Quantidade sem qualidade não faz sentido, a casa está dimensionada para esse número máximo de crianças – diz Vera.

Em 2017, em reunião com todos os professores voluntários, ficou determinado que o tema "tolerância" deveria ser trabalhado durante as atividades realizadas ao longo de todo ano. A necessidade foi sinalizada a partir de comportamentos observados das crianças. Independentemente da atividade que está sendo realizada, sempre a temática da tolerância estará presente e sendo abordada pelos professores.

A casa conta com um grupo de aproximadamente 20 voluntários responsáveis pelas atividades. Os grupos são pequenos, de no máximo cinco alunos, para que cada criança possa se sentir acolhida e os voluntários possam dar uma atenção individualizada. Na turma de complemento de alfabetização, eles já se depararam com casos de crianças de 10 anos que não sabiam ler nem escrever. Num dos casos, algum tempo depois, receberam um *feedback* por escrito da professora da escola do menino agradecendo pelo trabalho desenvolvido e informando que ele já procurava espontaneamente pequenos livros para ler.

Nesses 20 anos de história, mais de 1.000 crianças já passaram por lá e apenas dois foram para o tráfico ou para o crime. Uma delas, com 7 ou 8 anos, dizia que queria sair de lá "para virar bandido". A família inteira da criança vivia do crime – o que corrobora o pensamento de Vera de que a família tem um papel crucial no desenvolvimento das crianças. Ela soube que, com 14 anos, o menino infelizmente morreu, vítima da violência. Por outro lado, Vera recebe depoimentos de homens e mulheres que passaram pelo Espaço Logos e relatam o impacto que isso teve em suas vidas. Rogério deixou seu recado pelo computador: *"Agradeço ao Logos pelo homem que me tornei. Não consegui concluir todo o meu estudo, mas hoje trabalho honestamente e construí minha família em cima de tudo que no Logos aprendi. Se hoje eu sou o pai que eu sei que sou, agradeço a esse espaço maravilhoso que um dia me ensinou que um negro e pobre pode sim ser um homem honesto e de caráter."* Fernando preferiu escrever uma carta de próprio punho:

Quero agradecer ao espaço
Logos, tia Vera e voluntários
por terem me tornado um
grande cidadão, uma pessoa
honesta, responsável e digna
por tudo que aprendi, tia
Conceição e tia Joira foram
grandes mulheres na minha
vida por terem paciência
comigo e me ensinado a ler
e escrever com clareza.
O Logos foi minha segunda
casa pois aprendi valores e
o que é certo para ser
uma grande pessoa e hoje
em dia me tornei um cidadão
do bem consegui passar nas
provas do quartel tive minha
primeira formatura e quero
agradecer todos por isso
tudo.
Ass: Fernando

Quando perguntei à Vera quais eram seus sonhos para o futuro, ela foi certeira: "O sonho não mudou em nada, é o mesmo de 20 anos atrás, transformar a criança para transformar a sociedade. Quero formar cidadãos. A ideia não é formar as crianças para se tornarem necessariamente engenheiros, advogados ou administradores. Elas exercerão a profissão que desejarem, mas independentemente disso, todos saberão o que é cidadania." Ela fala emocionada do Rogério. Ele é "a criança que cresceu" e agora está criando seu filho de uma forma diferente. O filho dele não está no Logos simplesmente porque não precisa estar. Ele está aprendendo cidadania em casa.

15 Flor Generosa

É muito difícil encontrar alguém que não goste de flores. Elas são um dos símbolos mais antigos das civilizações, utilizadas em rituais sagrados e em ocasiões especiais. Já eram cultivadas por volta de 5.000 a.C. na Mesopotâmia, às margens do rio Tigre. Para os Astecas e Maias, as flores estavam associadas aos deuses e à criação do universo. Para o Cristianismo, as flores são o símbolo da perfeição. No mundo oriental, é sinônimo de renovação espiritual. Segundo a psiquiatria, estar indiferente às flores pode ser um sinal de depressão clínica.

Não existem dados precisos sobre o montante movimentado pelo mercado de flores a cada ano pelo mundo, mas ele pode chegar a 60 bilhões de dólares, sendo o segmento das flores de corte, o mais representativo. A mídia especializada estima que o Brasil responda por aproximadamente 2 bilhões de dólares deste total. No Brasil, Holambra, uma cidade do interior de São Paulo, que fica a 130 km da capital, é conhecida como a Cidade das Flores por produzir uma grande quantidade delas, chegando a ser um dos maiores polos produtores de do Brasil. Tudo começou com a chegada de imigrantes holandeses na década de 1940, que estavam deixando a Europa por causa da Segunda Guerra Mundial. A origem do nome da cidade vem justamente da junção de HOL, de Holambra, AM de América e BRA de Brasil.

Casamentos, eventos comemorativos e festas em geral normalmente são ornamentadas com flores para que tudo fique ainda mais especial. No final dos eventos, elas vão todas para o lixo. Mas não em todos os eventos. Teve gente que pensou em reaproveitar essas flores para alegrar a vida de mais gente.

Num evento do Atados, no início de 2017, onde as Bonecas de Propósito estavam presentes, uma mulher se levantou para apresentar o seu projeto. Era Carmen Couto. Em 2000, ela cuidava do pai, com mal de Parkinson, e da mãe, com Alzheimer. Duas doenças degenerativas que a fizeram olhar a velhice com outros olhos. Com a morte dos pais, Carmen sentiu um vazio e uma sensação de inutilidade, e isso foi o motor que a impulsionou a fazer alguma coisa pelos outros. Ela queria afastar a tristeza e a depressão que haviam se instalado, ocupando seu tempo. Por causa da experiência com os pais, ajudar idosos era o que Carmen buscava. E assim, ela começou a realizar um trabalho de pesquisa pela internet. Encontrou várias iniciativas, mas nada voltado para idosos. Nessa ocasião, sua filha ia se casar e pediu que Carmen pesquisasse sobre decoração de festas. Foi assim que ela encontrou o projeto do Instituto Flor Gentil de São Paulo, criado em 2010 pela florista, diretora de arte e escritora Helena Lunardelli. O projeto se dedica a reaproveitar flores utilizadas em eventos, preparando novos arranjos para serem entregues em asilos, casas de repouso e para pessoas com baixa renda. Carmen entrou em contato para obter mais informações sobre o modo de funcionamento do projeto e foi encontrando seu caminho. Foi o bastante para que ela se inspirasse para implementar o projeto *Flor Generosa*, no Rio de Janeiro, em outubro de 2015. Ela chamou duas amigas, a filha e a sobrinha para embarcarem com ela na implementação do projeto.

A logomarca do projeto foi feito por um voluntário que Carmen sequer conheceu: – *Acho que ele quer fazer o bem sem aparecer* – diz ela.

Carmen descobriu o Atados por meio de uma reportagem. Era uma entrevista com Daniel Morais, um dos fundadores do Atados. Ela acabou criando vagas de

Logo do projeto: "Doamos flor e recebemos amor."

voluntariado para o projeto através do *site*. Os voluntários chegaram para ajudar no processo de seleção das flores, confecção e entrega dos arranjos a idosos em asilos. Em média, uma vez por mês, aos domingos, o grupo se reúne no *playground* do prédio onde Carmen mora para preparação dos arranjos. Ela conta com a generosidade e compreensão dos vizinhos.

Para que as flores sejam mais bem aproveitadas, o projeto tem uma rotina bem organizada. Elas precisam ser recolhidas logo após o término dos eventos, o que acontece nas madrugadas de sábado para domingo, em geralentre 2 e 3 horas da manhã. Carmen, além de participar dessa coleta, acompanhada de algum motorista voluntário, coordena toda a logística: é ela que faz contato com os decoradores, que passou a conhecer por causa da organização do casamento da filha. São eles que informam onde vão acontecer as festas e que autorizam o recolhimento das flores. Entre 8 da manhã e meio-dia de domingo, as flores são selecionadas pelos voluntários para confecção dos arranjos para serem entregues entre 13h e 16h. Os arranjos são entregues diretamente aos idosos, em instituições que foram previamente contatadas por Carmen.

Desde o início do projeto até fevereiro de 2017, em pouco mais de um ano, já foram confeccionados e distribuídos aproximadamente 2.700 arranjos. Além dos voluntários, tudo isso só foi possível graças à generosidade de decoradores e organizadores de 16 festas que permitiram que as flores fossem coletadas. Carmen comenta que são tantas flores por festa que apenas uma única festa pode ser suficiente para doação de arranjos a três instituições diferentes.

A sustentabilidade promovida pela Flor Generosa vai além do reaproveitamento das flores utilizadas nos arranjos. Eles praticam o que chamamos de logística reversa, que é o reaproveitamento do que não é útil para a preparação dos arranjos, para outras finalidades. As flores murchas, folhas e galhos que iriam para o lixo são encaminhados para outro projeto, o *Horta Inteligente*, que atua no Morro da Providência, no Rio de Janeiro, utilizando tudo isso em atividades de compostagem e fabricação de adubo. Nada é perdido, tudo se transforma.

Equipe de voluntários do projeto Flor Generosa pronta para entregar os arranjos de flores.
Crédito da foto: arquivo da Flor Generosa.

Arranjos de flores: reaproveitamento do que seria descartado.
Crédito da foto: arquivo da Flor Generosa.

Voluntária entregando arranjo de flores para idosa em asilo.
Crédito da foto: arquivo da Flor Generosa.

    Quando perguntei à Carmen o que a movia a continuar tocando esse projeto adiante a resposta foi imediata: "É a satisfação de fazer o bem. Algumas pessoas acham que não têm tempo, ou que é difícil, mas é muito fácil. Damos tão pouco e recebemos muito!" Os olhos dela brilham a cada madrugada que encontra salões de festas repletos de flores que iriam para o lixo, mas que agora vão alegrar o dia de idosos.

Carmen com um enorme sorriso no rosto, do tamanho do arranjo recolhido em uma casa de festas: matéria-prima para o que é produzido pela Flor Generosa.
Crédito da foto: arquivo da Flor Generosa.

Ela sonha em sair do *playground* se seu prédio e ter um local próprio na Tijuca, zona norte do Rio, para realizar as atividades da Flor Generosa com mais comodidade. A ideia de ser na Tijuca é para se beneficiar da proximidade das inúmeras casas de festas que existem no Alto da Boa Vista. Sonha também que a ideia do projeto se multiplique, e que as flores possam levar amor a um número cada vez maior de pessoas.

16 Há Esperança

Como será viver num lugar a 20 minutos de carro do aeroporto Internacional do Galeão, a 18 km de distância, em uma cidade olímpica como o Rio de Janeiro? A princípio seria bom – é lógico pensar assim. Praias, florestas, natureza. Afinal, estamos falando de uma Cidade Maravilhosa, conhecida internacionalmente por suas belezas naturais. Isso se formos em direção à zona sul da cidade. Se tomarmos a direção contrária, percorreremos os mesmos 18 km, levaremos os mesmos 20 minutos, mas chegaremos num Rio de Janeiro completamente diferente, sem praias, sem florestas, sem natureza. Não é uma região maravilhosa. Estamos falando da comunidade conhecida como Parque Analândia, sob a responsabilidade do Município de São João de Meriti.

Pouco se fala, pouco se noticia, e eu tive dificuldade de encontrar na internet fotos e informações sobre essa comunidade. O Wikipédia diz que a região é "de característica residencial, possui apenas duas escolas públicas – uma municipal e outra estadual – e algumas particulares, sendo apenas uma de grande porte. Os moradores sofrem com a falta de pavimentação de algumas ruas, por conta de obras interrompidas ou mal-acabadas".

Ouvi falar pela primeira vez do Parque Analândia num evento do Atados para organizar o Dia Mundial das Boas Ações. Ao se apresentar, Tayana Leoncio contou que havia idealizado e que coordenava o projeto *Há Esperança*, dedicado a resgatar a autoestima dos moradores, numa região conhecida como "Favelinha", sob

125

a responsabilidade da cidade vizinha Duque de Caxias. Segundo dados levantados pelo próprio projeto, existem cerca de 7.000 a 8.000 pessoas vivendo por lá. Segundo ela, não faz sentido o Wikipédia falar que a região tem característica residencial, uma vez que as condições de vida são absolutamente precárias e insalubres. Ela desconhece as "algumas escolas particulares" que o Wikipédia diz existir. E a precariedade da região vai muito além da "falta de pavimentação de algumas ruas". As fotos a seguir falam por si.

Tayana relatou que nessa região conhecida como "Favelinha" não existe saneamento básico, coleta de lixo, luz elétrica, nem água encanada. A região existe há 50 anos e até hoje vive sem condições mínimas de sobrevivência. Muita gente fica doente pelo consumo de água contaminada. *"Como isso existe aqui do nosso lado?"* Alguns minutos depois, puxei uma cadeira e a convidei a participar deste livro.

Entre São João de Meriti e Duque de Caxias, "grudada" no final da Linha Vermelha, quase chegando na Via Dutra, é onde fica a comunidade Parque Analândia.

Localização da favela Parque Analândia: "longe", mas perto de todos nós.

Registro de uma parte da comunidade.
Crédito da foto: arquivo do projeto.

Criança diante de casas da comunidade.
Crédito da foto: arquivo do projeto.

Uma viela do Parque Analândia: sem saneamento básico, sem coleta de lixo e dividindo espaço com porcos (no final da foto, à direita, há um porco).
Crédito da foto: arquivo do projeto.

Uma mãe com criança de colo recebendo visita de um voluntário do projeto.
Crédito da foto: arquivo do projeto.

Quando perguntei por que ela tinha escolhido o Parque Analândia, a resposta estava na ponta da língua: "Eu conheci a comunidade numa ação de final de ano para doação de alimentos, roupas e brinquedos. Logo percebi que ela tem uma realidade muito diferente das demais comunidades ou favelas do Grande Rio. O nível de escolaridade e a desinformação das pessoas eram e ainda são assustadores. E o descaso do poder público leva os moradores a viverem em condições sub-humanas." Ela acredita que compartilhar o que possa nos trazer esperança ajuda a manter viva nossa expectativa na construção de um mundo melhor, mais justo e acreditar na humanidade. – O Há Esperança nasceu da minha inquietação, da vontade de parar de ficar apenas reclamando e cobrando, para colocar a mão na massa. Acredito que posso ajudar a melhorar as coisas – diz ela. Tayana resolveu fazer alguma coisa, pois estava cansada de ver o mundo e as mídias repletos de más notícias, maus exemplos de cidadania e comportamentos estranhos das pessoas. O nome do projeto veio como um grito de esperança.

Logo do projeto.

Foi em 2013, que Tayana e um grupo de 20 amigos realizaram uma ação solidária no Natal, com distribuição de roupas, alimentos e brinquedos para as crianças, todos moradores da "Favelinha". Na volta às aulas em 2014, o grupo ainda estava unido para ajudar. Com o passar do tempo, o grupo foi se desfazendo e Tayana se viu sozinha. Mas depois de ter visitado casas e famílias do Parque Analândia e ter visto tanta miséria, não conseguiu deixar o projeto acabar.

Sozinha, Tayana iniciou o trabalho de alfabetização e reforço escolar com 30 crianças e grupos de convívio com 30 mulheres além do acompanhamento de 20 famílias em situação de risco social. Um trabalho de visitas às famílias e às casas, tentando ajudar no que podia. E indo em busca de doações e orientação.

No início, os voluntários atuavam em ações pontuais, no Natal e no Dia das Crianças, mas, em 2016, começaram a chegar os primeiros voluntários fixos. Foram professores de temas diversos, uma assistente social, uma pedagoga, um psicólogo, dentre outros tantos. Uma equipe se formou. Tayana visita pessoalmente a comunidade de duas a três vezes por semana.

Crianças e adolescentes de 7 a 14 anos em situação de risco e vulnerabilidade social e extrema miserabilidade são o foco do projeto Há Esperança, porém as famílias dessas crianças também são atendidas pelo projeto. Para resgatar a autoestima e a dignidade das crianças, o projeto oferece aulas de alfabetização, psicoterapia, ludoterapia e reforço escolar. Pelas declarações escolares e do acompanhamento familiar, Tayana pode tomar conhecimento do desempenho da criança e direcionar melhor as aulas de reforço. Em parceria com dois outros projetos sociais – o projeto *Diga não à Fome*, que promove corridas pelo Rio e arrecada alimentos e o projeto *Samba do Leite*, que é uma roda samba cujo ingresso é uma lata de leite e/ou alimentos – ela consegue doações de cesta básicas, para garantia dasegurança alimentar das famílias atendidas. Apesar de o foco do projeto ser infanto-juvenil, as atividades também são para o núcleo familiar, levando informação e promovendo a viabilização de direitos. São ações mensais para apresentação de temas de acordo com as necessidades observadas na comunidade. Direitos da mulher, ações do conselho tutelar, mercado de trabalho e educação sexual são só alguns deles. Esses encontros permitem a restauração e o fortalecimento dos vínculos familiares. O interessante do projeto é que as ideias partem principalmente e diretamente da comunidade. Eles é que sinalizam as necessidades. Todo último sábado do mês, o projeto reúne as famílias para falar sobre as futuras ações e o acompanhamento do desenvolvimento das crianças através de visitas às escolas. Se a criança estiver fora da escola, a assistente social providencia o encaminhamento dessa criança à escola. É uma condição para que a criança faça parte do projeto: estar matriculada numa escola e frequentar as aulas. Elas passam por uma primeira triagem para identificar o nível de conhecimento e as aulas são individualizadas, respeitando o tempo de aprendizagem de cada uma. Além das matérias normais da escola, as crianças aprendem sobre música, cidadania, cultura africana, direitos constitucionais e praticam esportes. Há também uma oficina chamada "Brincadeira é coisa séria", que é um espaço para a criança brincar e desenvolver o lado lúdico.

Em 2015, o projeto recebeu dois prêmios, um da empresa social Choice e o outro da Associação de Magistrados do Estado do Rio de Janeiro (AMAERJ), ambos pelas práticas humanísticas do projeto. Esse último tem o objetivo de homenagear a memória da juíza Patrícia Acioli, assassinada em 2011, e dar continuidade à luta dela em prol da dignidade humana. Com o dinheiro recebido no Prêmio AMAERJ Patrícia Acioli de Direitos Humanos, foi construída a sede do projeto, dentro da comunidade do Parque Analândia, que conta com salas para a realização das atividades.

Em junho de 2017, o projeto atendia 30 crianças com apoio escolar, dez adultos em processo de alfabetização e 30 famílias em acompanhamento social. E toda a comunidade do Parque Analândia sendo impactada pelas ações pontuais organizadas ao longo do ano, como apadrinhamento de Natal, apadrinhamento de volta às aulas, escola de férias, feiras de ciências e literárias.

Tayana acredita que os bons exemplos e as boas ações são sementes para brotarem outros bons exemplos e outras boas ações. Perguntei o que ela espera alcançar com esse projeto: "Além do desenvolvimento das competências curriculares, o despertar das competências sociais e humanitárias." O projeto é muito mais do que esperança para a comunidade do Parque Analândia: já é uma realidade.

17 Horta Inteligente

Sabemos que a vida agitada das grandes metrópoles afasta as pessoas do contato com a natureza. Às vezes, pode parecer até que quem mora nas grandes cidades não é parte da natureza. É como se a natureza existisse apenas para quem mora no meio do mato e vive longe do caos urbano. Mas, onde quer que estejamos, somos parte de uma mesma engrenagem, embora com algumas peças fora do lugar. E para que a engrenagem funcione melhor, tem gente colocando as mãos na terra para colocar as peças no lugar.

Para respeitar a natureza, é preciso conhecê-la. Muita gente não a respeita por simples ignorância. E nunca é demais lembrar que ignorante não é nenhuma ofensa pessoal como pode parecer, ignorante é simplesmente aquele que ignora alguma coisa. Ignorância é apenas isso: falta de conhecimento. Quanto mais educação e conhecimento, maiores as chances de o respeito existir. E é pelo contato com a terra, com a natureza e com o que se planta que Elisangela e Lorena levam educação e conhecimento para crianças no Rio de Janeiro. Elas acreditam no poder do contato com a natureza e em como esse contato faz bem para a nossa saúde física, mental e espiritual. Assim, elas plantam o futuro com raízes fortes.

Ouvi falar do projeto *Horta Inteligente* quando escrevia o capítulo da *Flor Generosa*. O Horta Inteligente recebe da Flor Generosa partes de arranjos florais que não têm utilidade para eles, mas que servem para fazer a compostagem. O que não tem utilidade para um projeto e iria para o lixo, é recebido com alegria como matéria-prima pelo outro projeto.

Elisangela nasceu em Vitória da Conquista, na Bahia, e cresceu em contato direto com a natureza. Aos 14 anos, ela se mudou para o Rio com a família em busca de melhores condições de vida. Eles foram parar no Morro da Providência, no centro do Rio de Janeiro, e Elisangela foi logo tomada pelo medo e pela insegurança. Ela só saía de casa para a escola e nada mais. Num determinado dia, no trajeto de volta para casa, Elisangela viu uma criança brincando com um porco no meio de um lixão e a partir daí tudo mudou. A cena foi muito impactante. Ela comentou com um amigo o que tinha visto e compartilhou com ele o desejo de mudar essa realidade. Foi quando ele falou sobre a agência *Redes para Juventude*, um projeto idealizado por Marcus Faustini que estimula jovens de comunidades a transformarem os espaços em lugares melhores para todos. Era a fonte de inspiração que ela precisava para realizar o seu desejo. Lorena, Willian, Larissa, Paula, Edmundo, Otacílio e Raquel – todos moradores da Providência – abraçaram a ideia junto com Elisangela e ajudaram a transformar o projeto em realidade.

A questão da preservação do meio ambiente sempre esteve presente na vida de Elisangela. Durante um curso de especialização, os alunos foram desafiados a criarem um projeto inovador e ela pensou no que seria uma lixeira inteligente. Seriam diversos compartimentos de coleta de lixo que teriam detectores de materiais: quando alguém jogasse lixo em determinada caçamba, haveria uma leitura imediata do material que estaria sendo descartado. Se o descarte fosse feito na caçamba inadequada, uma mensagem automática seria emitida pedindo que o descarte fosse feito utilizando a caçamba correta. O projeto era interessante, mas economicamente inviável. O conceito foi aproveitado e adaptado no *Horta Inteligente*, pela conscientização das crianças sobre o correto descarte do lixo.

Em 2015, surgiu o *Horta Inteligente* no Morro da Providência com o objetivo de estimular a conexão de crianças e jovens com a natureza. O trabalho educativo desenvolvido por meio de atividades práticas objetiva não apenas despertar a consciência ecológica, a admiração e o respeito pela natureza, mas também integrar os participantes para que possam desenvolver a sociabilidade e resgatar a autoestima. As crianças aprendem, por exemplo, que lugar de lixo é no lixo. Que se jogarem lixo no chão, estarão se prejudicando, assim como também toda a comunidade onde moram. Pode parecer básico demais, mas não é. Existem *workshops* estruturados com duração média de três meses pensados para escolas. Esse tempo foi estabelecido para que, a partir da teoria, os alunos coloquem a mão na massa realizando o plantio e possam, inclusive, acompanhar o crescimento da horta até o momento da colheita para utilização na alimentação mais saudável. É o ciclo completo para que possam atestar e vibrar com os resultados de seus próprios esforços.

Logo do projeto: Plantando o futuro com raízes fortes.

A sede do projeto fica na parte baixa do Morro da Providência, num espaço cedido por uma igreja da localidade. A receita é atualmente obtida com a venda de mudas de plantas em feiras e eventos e com a implantação de hortas em localidades fora do Morro da Providência, como em condomínios, por exemplo. Os aproximadamente 70 voluntários participam ativamente das oficinas, mas também das atividades de divulgação e de *design*.

A atividade principal do Horta Inteligente acontece na creche municipal Tia Dora, que fica no Morro da Providência e atende crianças de 2 a 5 anos de idade. *"Tia, minha plantinha tá crescendo! Tia, tô molhando a horta!"* são algumas das frases ditas pelos pequenos que participam do projeto. Há relatos de professores sobre crianças com dificuldade de expressão, tímidas e com baixa sociabilidade que passaram a ser mais participativas depois de participarem do projeto.

135

Crianças em contato com a natureza, aprendendo a fazer e cultivar uma horta. À esquerda, na Creche Tia Dora, e à direita, canteiro em espaço público no Morro da Providência.
Crédito das fotos: arquivo do projeto.

Educando crianças a respeitar o meio ambiente.
Crédito da foto: arquivo do projeto.

O objetivo maior do Horta Inteligente é, através das hortas e dos jardins – o projeto convoca moradores voluntários para transformarem canteiros abandonados –, melhorar a qualidade de vida de quem mora no Morro da Providência, para que possam se tornar agradáveis espaços de convivência. Os espaços são avaliados e pensados pelo projeto, levando em consideração os desejos de quem cuidará deles. O viés de sustentabilidade do projeto está presente não apenas no recebimento do que seria descartado pela Flor Generosa, mas também pela utilização de materiais reciclados e reutilizados, como engradados de madeira, garrafas *pet* e potes plásticos, que pintados, ganham outra finalidade.

Desde 2015, mais de 400 crianças já foram diretamente impactadas pelas ações do projeto. São sementes multiplicadoras que vão impactar indiretamente outras pessoas, compartilhando com suas respectivas famílias e amigos próximos o que aprenderam sobre a terra e a importância do respeito pela natureza. O Horta Inteligente já organizou três edições da "Caminhada Inteligente" pelo Morro da Providência, que é um dia onde os moradores

Reaproveitamento de pneus usados e outros objetos: reciclagem e sustentabilidade.
Crédito da foto: arquivo do projeto.

Caixotes, recipientes plásticos e engradados de madeira ganham outra finalidade.
Crédito da foto: arquivo do projeto.

são convocados a realizarem um mutirão de limpeza e coletarem material reciclável. Oficinas abertas de plantio e revitalização de espaços comunitários também já foram feitas.

O Horta Inteligente educa e leva conhecimento por hortas e jardins além das fronteiras do Morro da Providência, transformando cada vez mais vidas e promovendo a melhoria dos ambientes das cidades.

18 Instituto da Criança

O brasileiro tem a criatividade no seu DNA. Talvez seja um pouco de instinto de sobrevivência. Mas muitas boas ideias e sonhos podem ficar apenas na teoria e morrerem antes mesmo de nascerem se você não acreditar que a sua ideia ou seu sonho tem chances de dar certo. Funciona assim com tudo. Quando você acredita e quando os outros também acreditam, as chances de sucesso aumentam ainda mais. A solidariedade é outro componente do DNA brasileiro, mas ela costuma se manifestar em situações pontuais, no período natalino e quando ocorrem tragédias. O exercício da solidariedade não deveria ser pontual, ele precisa ser mais frequente. E quando a criatividade e a solidariedade se encontram, algo de extraordinário acontece.

Considerado uma referência no mundo dos negócios sociais, as Bonecas de Propósito queriam conhecer melhor o Instituto da Criança e pedir orientações e conselhos para quem já estava na estrada da solidariedade a alguns anos. A organização foi eleita, por dois anos consecutivos, em 2013 e 2014, uma das 100 melhores organizações não governamentais do mundo, segundo a publicação suíça *The Global Journal*, dedicada a questões de governança global e de política internacional. Para elencar as melhores organizações, foram considerados três critérios essenciais para uma organização social, o impacto, a inovação e a sustentabilidade, além de considerarem até que ponto uma organização consegue mobilizar recursos por uma causa. Apenas quatro organizações brasileiras –

Saúde Criança, Viva Rio, Centro de Inclusão Digital e Instituto da Criança – entraram na lista a partir de 2013.

"A educação desejável a todos é a mesma que deve ser ministrada aos próprios filhos." A frase do livro *O Improvável não é Impossível*, lançado em 2016, em comemoração aos 20 anos do Instituto da Criança completados em 2014, resume bem a sua filosofia, de que uma vida vale tanto quanto todas as outras. Uma organização que existe para inspirar o exercício da solidariedade. – Quando se trabalha a favor da vida humana, não importa se são muitas ou poucas, importa somente que são vidas – diz Pedro Werneck, o motor à frente do Instituto da Criança. O sobrenome Werneck carrega a questão da solidariedade no sangue. Na década de 1970, a avó dos irmãos Werneck – Pedro, Carlos e Zeca – já preparava enxovais para serem entregues num orfanato no Jardim Botânico.

Parte da inspiração para fundar o Instituto da Criança veio pela amizade entre as famílias Werneck e Carvalho, esta última responsável por um projeto chamado *Cruzada do Menor*, uma obra social que data de 1920, atuando na reintegração social de crianças e adolescentes moradores de rua. O projeto ainda existe e é conhecido simplesmente pelo nome "Cruzada". Mas foi em 1994, quando Pedro – na época o bem-sucedido empresário de *factoring* – viu a história de Flordelis dos Santos passar na televisão, que algo mais forte aconteceu. Nascida e criada na favela do Jacarezinho, na zona norte do Rio, na década de 1960, ela foi mãe de 55 filhos – isso mesmo, 55 filhos – dos quais apenas quatro deles, mãe biológica. Por amor, abrigou em sua casa jovens que queriam deixar o tráfico, mães adolescentes e, além de amparo, carinho e atenção, tinha como objetivo educá-los para a vida. Pedro entrou em contato com Flordelis pelo número de telefone divulgado na reportagem e informou que depositaria toda semana, o equivalente a ¼ de um salário mínimo, para que ela tivesse um salário inteiro no final do mês. Era uma maneira que ele encontrou de retribuir e agradecer de algum modo a generosidade da vida com ele próprio. O irmão Zeca também fez o mesmo. Um dia, Pedro leu num jornal impresso – a internet ainda engatinhava no Brasil

– que Flordelis estava foragida da polícia por receber um mandado de prisão pela guarda ilegal de 37 crianças. Como entender a truculenta ação para alguém que estava fazendo o bem para tanta gente? Ela estava sendo tratada como uma sequestradora de menores que agia em favelas cariocas. Por receio dos desdobramentos, Pedro e Zeca pararam de depositar as quantias semanalmente. Acuada e sem saber o que fazer, Flordelis entrou em contato com os irmãos Werneck para pedir pela volta dos depósitos, já que seus filhos precisavam comer. Foi recebida no escritório deles, num primeiro encontro ao vivo, e os depósitos voltaram a acontecer. Quando os irmãos souberam que ela estava com os filhos numa casa emprestada por um traficante, resolveram dar um segundo passo e alugaram para eles uma casa de cinco quartos no Rio Comprido, zona norte do Rio. Teto resolvido, era preciso resolver a questão da lei. A amizade com a família Carvalho – da Cruzada do Menor – foi o caminho para chegar até o juiz Siro Darlan, que havia expedido o mandado de prisão de Flordelis. Do encontro, surgiu uma vasta lista de exigências, que se não atendidas em seis meses, resultariam no recolhimento das crianças pela Justiça. Assim, nasceu o Instituto de Amparo Família Flor de Lis – a separação exata do nome de Flordelis em sílabas.

A satisfação de ter ajudado Flordelis fez nascer nos irmãos Werneck o desejo de querer continuar ajudando. Em 1996, suas tias Lucia e Vera comentaram com eles sobre o Lar Santa Catarina, em Magé, no Rio, que abrigava 33 crianças com paralisia cerebral, muitas órfãs. A instituição enfrentava dificuldades financeiras para se manter. Pouco depois, a casa que abrigava as crianças pegou fogo. Novamente, os irmãos Werneck alugaram uma casa, no mesmo ano, desta vez em Petrópolis, para o novo abrigo das crianças atendidas pelo Lar Santa Catarina. Anos mais tarde, na impossibilidade de adaptar a casa alugada às necessidades – como rampas para cadeirantes e o alargamento das portas para a passagem de macas – sob a coordenação do Instituto da Criança, uma casa nova foi construída também em Petrópolis para ser a nova sede do Lar Santa Catarina a partir de 2009.

Pedro Werneck com crianças atendidas pelo Instituto, no início das atividades.
Crédito da foto: arquivo do Instituto da Criança.

Flordelis e o Lar Santa Catarina foram experiências que deram a certeza do caminho a ser trilhado pelos Werneck. Nas semanas seguintes, em 1998, constituiu-se oficialmente o Instituto da Criança. Dez anos depois, Pedro passou a se dedicar exclusivamente ao Instituto da Criança. Até então, ele conciliava seu trabalho como empresário com a presidência do Instituto. Inicialmente, ele relutou por imaginar que a dedicação exclusiva ao Instituto não seria capaz de lhe proporcionar uma fonte de renda suficiente para viver. Foi o início da profissionalização do Instituto da Criança, num momento em que a sociedade começava a enxergar os trabalhos sociais com outros olhos. A filantropia e a caridade esporádicas começavam a dar lugar a um compromisso permanente e mais estruturado de um negócio social. Nesse processo, o Instituto precisava transformar as doações pontuais em doações regulares dos apoiadores. Criou-se, então, o sistema de cotas para a contribuição fixa de empresas investidoras e apoiadoras do

Instituto, o que foi fundamental para alavancar um crescimento sólido e sustentável. Foram estabelecidas faixas de contribuição distribuídas pelas categorias bronze, prata, ouro e diamante. Nesse ponto, vale comentar que o terceiro setor não se faz apenas com dinheiro, mas, principalmente com gente. E assim, a grande rede de *networking* da família Werneck começou a se mobilizar como cotista, consolidando o Instituto da Criança como uma instituição comprometida e confiável do terceiro setor.

www.institutodacrianca.org.br

Lgo do Instituto da Criança: Dando a mão a quem precisa.

A logomarca tem uma razão de existir: "Em vez de apontar o dedo para transferir a responsabilidade ou indicar caminhos, o gesto de estender a mão oferece a possibilidade de avançar lado a lado e dar suporte, até que seja possível caminhar pelas próprias pernas." A frase é do jornalista Pedro Motta Gueiros, autor do livro comemorativo dos 20 anos do Instituto da Criança. O nome surgiu em função da atuação voltada para crianças nos primeiros anos de atividade, mas ao longo do tempo as ações sociais passaram também a incluir os adultos. Ficou claro que o foco deveria incluir as famílias, que passam a maior parte do tempo com as crianças.

O Instituto da Criança cuida de quem cuida de gente. São articuladores sociais, conectando os setores da sociedade em prol de causas importantes. Mobilizando quem pode e tem para dar em prol de quem não pode e precisa receber. A ideia é que os doadores e cotistas do Instituto da Criança não se sintam praticando o assistencialismo, mas realizando um investimento social, que traz resultados para toda a sociedade. Numa entrevista, Pedro disse: "A felicidade individual não é plena quando alguém ao lado passa necessidade. A vida ganha um sentido extra quando somos úteis e servimos os que precisam de oportunidade. Doar é um ato inverso, recebe-se muito mais do que se oferece."

Empreender no Brasil não é fácil. Empreender socialmente então é ainda mais difícil, pela confusão que as pessoas fazem ente filantropia e negócio social. As pessoas associam a questão social

Meninas atendidas por ações do Instituto da Criança.
Crédito da foto: arquivo do Instituto da Criança.

do "fazer o bem" à ausência de dinheiro, como se o dinheiro não pudesse cumprir um papel social. Mas o Instituto da Criança não se intimida diante desse cenário. A seriedade do trabalho realizado pelo Instituto faz investidores – ou doadores – impulsionarem esse empreendedorismo social e acreditarem que seus recursos financeiros estão sendo aplicados para contribuir com a melhoria das condições de vida de todos, por meio de projetos reais que cumprem com o seu papel social.

Em 2015, o Instituto da Criança comemorou 20 anos de existência. Ao longo de todos esses anos, já apoiou inúmeros projetos e beneficiou diretamente milhares de pessoas. Atualmente instalado no meio do verde, no final de uma ladeira no bairro do Jardim Botânico no Rio, o Instituto da Criança fez um caminho de volta às origens, exatamente como as tartarugas fazem para desovar depois de nadarem quilômetros. Trata-se de um anexo do Instituto Mello Mattos, onde Pedro e seus irmãos conheceram pela primeira vez o que era um trabalho social pelas mãos da saudosa avó.

"A maior das violências é a falta de oportunidades", bem resumiu, mais uma vez, o jornalista Pedro Motta Gueiros. Todo mundo precisa de oportunidades. Todo mundo já teve uma primeira oportunidade na vida. O Instituto da Criança e sua rede de apoiadores e doadores têm sido agentes geradores e catalisadores de oportunidades para aqueles que precisam e acreditam em sua própria capacidade de realizar. Oportunidades para que pessoas possam escolher os melhores caminhos para seguir em frente com a autoestima elevada, caminhando com as próprias pernas. O nome disso é liberdade, respeito e amor.

19 Instituto Futuro Bom

No início de 2017, alguns capítulos deste livro ainda estavam indefinidos. Naturalmente, deixei que as histórias chegassem até mim, e não foi diferente com este capítulo. Era um domingo de janeiro quando comecei a folhear a revista do jornal *O Globo*. Logo no começo, o jornalista Mauro Ventura entrevistava Marcus Fonseca, um ex-executivo, literalmente daqueles do "terno e gravata" na veia, que falava sobre uma iniciativa idealizada e gerenciada por ele, chamada *Tênis para Todos*. Querendo abordar a importância do esporte para o desenvolvimento das crianças, imediatamente escrevi um *e-mail* para o Mauro, falando sobre esse livro e pedindo os contatos do Marcus. Rapidamente recebi uma resposta. Entrei em contato com o Marcus e fui convidado para conhecer o projeto *in loco*, no Hotel Sheraton, no Rio.

Logo descobri que Marcus não tem "apenas" um projeto social de tênis para crianças. Ele é daquelas pessoas que adorariam abraçar todas as causas sociais do planeta. O objetivo do que ele faz não é só ensinar um esporte considerado de elite para crianças que provavelmente jamais pisariam numa quadra de tênis a não ser como boleiros. Marcus quer dar oportunidades, formar cidadãos e ajudar na formação desses jovens e crianças para a vida. Segundo ele, "o esporte afasta da ociosidade, desenvolve a coordenação motora, dá autoconfiança, desenvolve a disciplina, ensina a trabalhar em grupo, a cumprir horários e a ter respeito e prioridades". É por isso que Marcus coordena o Instituto Futuro

Logo do Instituto: "Um novo horizonte agora".

Bom, que além do Tênis para Todos tem outras iniciativas além do esporte, envolvendo também atividades voltadas para a educação.

O tênis não foi escolhido por acaso. Marcus começou a praticar o esporte em 1981, aos 8 anos de idade, e chegou a ganhar títulos na categoria juvenil. O tênis o levou, inclusive, a estudar no exterior, por uma bolsa-atleta na Santa Fe University of Art and Design, no Estado do Novo México, nos Estados Unidos, onde se formou em 2003. Começou a trabalhar em um dos maiores bancos de investimentos do mundo em 2002, onde ficou até 2005. Entre 2006 e 2008, foi treinador de tênis na Cornell University, em Nova York. Parte da inspiração para criar o projeto veio em 2005 e 2006, no período em que trabalhou no Children, Youth and Families Department, órgão do governo do Estado do Novo México, nos Estados Unidos, onde teve contato com crianças abandonadas, jovens em situação de risco e mulheres vítimas de abuso. Marcus auditava as organizações sem fins lucrativos que recebiam dinheiro do governo. Ele também tinha vontade de trabalhar na ONU, para poder ter contato com causas humanitárias. Era o embrião para ele acabar chegando no terceiro setor. Depois da crise dos mercados financeiros em 2008, retornou ao Brasil em 2009 e logo participou de um projeto social em Niterói, com o torneio *Quintal da Casa de Ana Open de Beach Tennis,* onde crianças de quatro orfanatos diferentes formaram duplas com atletas. Quintal de Ana é uma organização que atua para agilizar o processo de adoção de crianças abandonadas pelos pais biológicos. "Ganhei muito com o tênis e queria retribuir tudo o que o esporte me proporcionou." Ele revela não ter nenhum arrependimento por largar uma trajetória profissional promissora no exterior em troca de um projeto social. E ele pode se orgulhar disso. À frente do Instituto Futuro Bom, a trajetória também já tem rendido excelentes frutos. O Instituto segue o mesmo modelo universitário americano, no qual cada criança é acompanhada de perto em relação ao seu rendimento escolar e participação nos treinos e cursos complementares, para garantir a sua permanência no projeto.

Em 2011, Marcus conversou com a equipe de gestão do Sheraton sobre o arrendamento das duas quadras de tênis para que pudesse gerenciá-las e dar aulas de tênis. Ele fala com orgulho dessas quadras: "Chegaram a serem eleitas uma das cinco mais lindas quadras de tênis do mundo por uma revista internacional do esporte" – relata. Implementar um projeto social fazia parte da proposta de arrendamento: a ideia era mesclar os alunos pagos com os alunos gratuitos desde o início, objetivando atender as crianças da favela do Vidigal, praticamente do outro lado da rua do hotel. Mas essa primeira tentativa acabou não avançando como planejado.

De 2013 para 2017, muita coisa mudou. Atualmente, o projeto atende cerca de 200 crianças. Além do Vidigal, agora as crianças e jovens das favelas da Rocinha em São Conrado, de Rio das Pedras, na zona oeste, e da Cruzada São Sebastião, no Leblon, também são atendidos.

Registro de uma aula da frente Tênis na Escola: iniciando crianças na prática do esporte.
Crédito da foto: arquivo do projeto.

Cada iniciativa do projeto foi pensada para fazer sentido no conjunto da obra. Cem crianças fazem parte do projeto Tênis na Escola, na Escola Djalma Maranhão, no Vidigal. Esse projeto é direcionado para crianças dos 7 aos 12 anos, fazendo a iniciação ao esporte, trabalhando as partes técnica, física e mental. As crianças que demonstram maior talento e/ou força de vontade em aprender o esporte são convidadas a fazer parte do projeto *Tênis para Todos*.

O Tênis para Todos, que acontece nas quadras do Hotel Sheraton, é para jovens dos 12 aos 18 anos, muitos egressos do *Tênis na Escola*. São 45 crianças atendidas por essa iniciativa.

A mais nova parceria do Instituto foi firmada em 2017 com o Hotel Copacabana Palace, numa iniciativa chamada *Princesinhas do Copa*, com 15 meninas a partir de 10 anos de idade. Elas já participam de outro projeto social, o Solar Meninos de Luz, no Morro do Cantagalo, e praticarão o esporte na quadra de tênis do hotel. A madrinha dessa nova iniciativa será Maria Esther Bueno, considerada a maior tenista brasileira de todos os tempos.

Há ainda o *Dentro e Fora da Quadra*, que acontece nas quadras do Hotel Royal Tulip, em São Conrado. Essa iniciativa tem um viés voltado para aos alunos que mais se destacaram e com potencial de competição, e por isso, os treinos acontecem diariamente, de segunda à sexta. São 30 crianças atendidas, entre 14 e 19 anos. O pré-requisito é ter passado pelo menos dois anos no projeto *Tênis para Todos*, incluindo as assiduidades nos treinos e nos cursos de inglês –*Inglês para Todos* – e informática –*Inclusão Digital para Todos* – além das aulas de Direitos Humanos, Cidadania e Ética, todas oferecidas pelo Instituto. O curioso é que o quesito mais importante para fazer parte deste grupo não é o talento para o tênis, mas o amor e a vontade em aprender e vencer na vida. A seleção é feita em conjunto entre Marcus, professores e assistentes do Instituto. Todos os alunos participam dos torneios locais e nacionais, e para aqueles que se formam no segundo grau e estão no projeto por no mínimo três anos, recebem bolsa de 100% numa universidade, fruto de uma parceria firmada. Isso já aconteceu com dois alunos do projeto. E eles continuam a ser acompanhados. A universidade envia *e-mails* relatando o desempenho acadêmico de cada um dos bolsistas. O bom desempenho é pré-requisito para a manutenção das bolsas. Cada atleta fica também responsável por um núcleo do projeto até a sua formatura na universidade. O aluno deixa o projeto quando se forma no segundo grau, mas se utilizar a bolsa universitária do Instituto, deverá ser assistente nas aulas do *Tênis na Escola* e do *Tênis para Todos*. Marcus está à procura de parcerias com escolas particulares para poder atender ainda mais crianças e jovens com esse projeto.

A bela quadra de tênis do Hotel Sheraton, onde acontecem as aulas do Tênis para Todos.
Crédito da foto: arquivo do projeto.

O projeto fornece aos alunos os uniformes, os equipamentos esportivos e três refeições por dia, numa parceria com todos os parceiros. Anualmente, todos passam por avaliações médicas e odontológicas gratuitas. Quando completa 18 anos, o aluno recebe uma carta de referência para facilitar o ingresso no mercado de trabalho, isso se não for diretamente encaminhado a empresas parceiras e apoiadoras do projeto. Para desfrutar desses benefícios, a única condição é ter bom desempenho escolar e frequentar os treinos.

Durante o *Rio Open* de 2017, Marcus firmou uma parceria com o IMG – International Management Group para encaminhar dois alunos para um treinamento no IMG Tennis Academy. É um projeto de Nick Bollettieri, um dos melhores treinadores de tênis do mundo, que já treinou atletas que chegaram ao topo do *ranking* mundial do esporte.

Registro de uma aula do Dentro e Fora da Quadra.
Crédito da foto: arquivo do projeto.

Marcus sonha em ver seus alunos disputando medalhas em olimpíadas e campeonatos de tênis pelo mundo. Ao falar do Instituto, ele disse: "Sei que não vou mudar o mundo, mas faço o que está ao meu alcance." Ele está enganado. O que ele faz já está mudando o mundo, e para muito melhor.

20 Instituto Lado a Lado pela Vida

O acesso à informação adequada permite que as pessoas possam utilizar a medicina de modo preventivo. Infelizmente, notamos que muita gente só procura um médico quando está doente, mas é preciso mudar essa mentalidade. Os benefícios do cuidado preventivo da saúde são muitos: reduz os custos com os tratamentos, evita o uso de medicamentos, esvazia os hospitais e consultórios médicos, e prolonga a vida de uma forma saudável.

Foi por causa da parada cardiorrespiratória naquela corrida, em abril de 2015, que conheci o Instituto Lado a Lado pela Vida. Eles me escreveram após terem assistido a primeira matéria exibida no *Esporte Espetacular*, em julho de 2015, com o objetivo de utilizar a história que aconteceu comigo como ponto de partida para chamar a atenção das pessoas numa campanha sobre a importância de cuidar preventivamente do coração.

Desde 2008, Marlene Oliveira, uma empreendedora social, jornalista e artista plástica, preside o Instituto Lado a Lado pela Vida, com o objetivo de levar informação de saúde, conscientizando as pessoas sobre a importância de uma saudável mudança de hábitos para se conquistar mais qualidade de vida, com foco na prevenção. Ela costuma dizer que promove, por meio do Instituto, a humanização da saúde.

Em 2008, o médico urologista Eric Roger Wroclawski, amigo de Marlene, lançou a ideia de fundar uma organização que levasse para as pessoas informação sobre os cuidados com a saúde, e em especial aos homens. Uma frase que o Dr. Eric utilizava foi um incentivo para que ela colocasse a ideia em prática: "O primeiro passo para conquistar alguma coisa é sonhar com ela." O Instituto Lado a Lado pela Vida, fundado nesse mesmo ano, nasceu inicialmente voltado para a saúde do homem, promovendo a conscientização e incentivando o gerenciamento da própria saúde. Nesse começo, não havia ações presenciais, era apenas fornecimento de conteúdo *online* e algumas campanhas nas mídias.

Logo do Instituto: Informação promovendo saúde.

Logo no início das atividades, o Instituto já ampliou o espectro de atuação. Ainda em 2008, para atender também o público feminino, começou a apoiar a campanha "Vencer com Autoestima" com foco nos cânceres de mama – o mais comum entre as mulheres – ovário e útero. Segundo dados do Instituto Nacional do Câncer (INCA), são diagnosticados 57 mil novos casos de câncer de mama por ano no Brasil. A campanha visa orientar as mulheres sobre a importância da prevenção pelo autoexame, deixando claro que isso não vai substituir a consulta a um médico, mas motivar aquelas que foram diagnosticadas a manterem a autoestima durante o tratamento.

Já em 2009, por causa da grande carência de informações sobre a doença, o Instituto Lado a Lado pela Vida iniciou uma série de ações, como a criação do *site* e a estruturação de uma campanha nacional de combate ao câncer de próstata, chamada "Um Toque, um Drible". O INCA também revela que todo ano são diagnosticados 60 mil novos casos da doença no Brasil, com cerca de 13 mil mortes. Para vencer o preconceito em torno do exame de toque retal e desconstruir um modelo de comportamento estereotipado, foi utilizada uma linguagem voltada para o esporte, especificamente para o futebol, o que originou o nome da campanha. Falar sobre a importância dos exames preventivos contribui para acabar com o preconceito, pois infelizmente ainda tem gente que os associa à questão da perda da masculinidade. Em 2011, o movimento *Movember* — a junção das palavras *Moustache* e *November*, respectivamente bigode e novembro, em inglês — iniciado na Austrália, foi fonte de inspiração para que a campanha "Novembro Azul" fosse criada, para abordar a questão da saúde do homem com mais amplitude. Apesar de o foco principal ser a prevenção do câncer de próstata, outras ações também acontecem, como, por exemplo, falar sobre o câncer de pênis, que tem maior incidência nas regiões Norte e Nordeste do Brasil. O INCA revela que no Maranhão o câncer de pênis é o segundo tipo de câncer mais comum, atrás apenas do câncer de pele. Em 2013, 396 homens morreram por causa de câncer de pênis no país. Uma das principais mensagens da campanha "Novembro Azul" é que cuidar da saúde também é coisa de homem. As campanhas e ações informativas acontecem ao longo do ano todo, mas têm maior destaque nesse mês, quando se comemora, no dia 17, o Dia Mundial de Combate ao Câncer de Próstata.

A campanha "Siga seu Coração" foi lançada em 2014, para levar informação sobre como cuidar de modo preventivo do coração, evitando, assim, as doenças cardiovasculares. Foi para essa campanha que o Dr. Bruno Bussade e eu gravamos um depoimento para chamar a atenção de homens e mulheres sobre a importância do tema. O depoimento foi divulgado durante o "Setembro Vermelho", idealizado pelo Instituto Lado a Lado pela Vida. Segundo dados do Instituto, as doenças cardiovasculares causam o dobro de mortes do que todos os tipos de câncer juntos. Os problemas do coração representam 43% de todos os óbitos do planeta, sendo a primeira causa de mortes no Brasil e também no mundo. De acordo com a Sociedade Brasileira de Cardiologia, 350 mil pessoas morrem por ano no país por causa de problemas cardíacos e a Organização Mundial de Saúde (OMS) contabiliza 17,5 milhões de óbitos no mundo. A campanha objetiva alertar as pessoas sobre a importância da prática de exercícios físicos – sob orientação de profissionais qualificados – dos riscos do tabagismo, da obesidade e do controle do nível de açúcar no sangue, para evitar o diabetes.

Em 2015, o Instituto lançou a Campanha "Xi...Escapou", que aborda a questão da incontinência urinária, uma doença que causa muitos constrangimentos e uma consequente reclusão social. No Brasil, em torno de 10 milhões de pessoas, entre homens e mulheres de diversas idades, sofrem da doença e a maioria acredita não ter tratamento. O objetivo da campanha é esclarecer e orientar sobre as possibilidades de tratamento, seja medicamentoso, cirúrgico ou terapêutico.

O Instituto Lado a Lado tem um programa exclusivo para promover a inclusão de esquizofrênicos e pessoas diagnosticadas com transtorno bipolar na sociedade: o projeto *Arte de Viver*. Por meio das oficinas de arteterapia em clínicas e hospitais em todo país, os pacientes podem exercitar a criatividade e demonstrar seus talentos pela pintura, poesia e desenho. Em 2015, já na sua sexta e última edição, foram produzidas 2.200 obras. Desse total, 100 pinturas, 50 poesias e 50 desenhos foram selecionados para ilustrar um livro de arte. Cada paciente que teve sua obra publicada recebeu um exemplar do livro, bem como o profissional de saúde que o acompanhava. O objetivo principal do Arte de Viver é interligar o universo da imaginação do paciente com o mundo real, trabalhando a questão da autoestima, do fortalecimento de vínculos afetivos e da reintegração social, importantes para o sucesso do tratamento.

Além das tradicionais campanhas, o Instituto Lado a Lado pela Vida ainda se dedica a inúmeros outros projetos na área de saúde, alguns ligados a outros tipos de cânceres, como de pulmão e de pele e melanoma, nas cidades e áreas rurais. Há um voltado para a segurança medicamentosa dos pacientes em tratamento das doenças crônicas, pois é mais comum do que possamos imaginar que medicamentos fortes e de uso controlado sejam utilizados indevidamente pelos próprios pacientes em desrespeito às dosagens prescritas pelos médicos.

O Instituto Lado a Lado pela Vida entende que a sua missão é inspirar as pessoas para os cuidados com saúde. Num mundo cada vez mais lotado de informações, é muito comum as pessoas não processarem o que estão recebendo. É um desafio permanente escolher a linguagem adequada e as ferramentas que surtirão o maior efeito, sensibilizando as pessoas sobre o papel de protagonista que elas têm na gestão da própria saúde. Marlene sonha em ampliar cada vez mais o impacto das campanhas divulgadas pelo Instituto, pelo Brasil e pelo mundo. A campanha "Novembro Azul" chegou a ser exibida num painel da Times Square em Nova York durante o mês de novembro de 2016. – Dar informação de qualidade às pessoas é permitir que elas reivindiquem o acesso a tratamentos mais justos e adequados, considerando os importantes avanços da Medicina – finaliza ela.

21 Instituto Todos com Felipe

O câncer infantil é a segunda causa de morte infantil no Brasil, na faixa etária até os 19 anos. A primeira causa são os acidentes diversos: sufocação, trânsito e afogamento estão entre os principais. No caso do câncer, as chances de cura podem chegar a 70% nos casos de diagnóstico precoce. No Brasil, o porcentual de crianças curadas chega a 50%. Os dados são da Sociedade Brasileira de Oncologia Pediátrica (Sobope). O Instituto Nacional do Câncer (INCA) revela que a cada ano 12 mil novos casos de câncer infantil são diagnosticados, com pico de incidência na faixa etária de 4 a 5 anos. E foi exatamente aos 4 anos de idade que Felipe Guerra foi diagnosticado com a doença. No caso dele, um tumor cerebral.

Renata Cordeiro Guerra, a mãe de Felipe, criou uma página privada no Facebook chamada "Todos com Felipe" assim que soube da doença do filho, em 2005. Pela rede social, ela dava informações sobre o estado de saúde do Felipe para parentes e amigos. Além disso, ela também utilizava o canal para realizar campanhas para arrecadar recursos em benefício de famílias carentes também com crianças em tratamento, que ela conheceu ao longo dessa caminhada.

Quando tomou conhecimento do diagnóstico do filho, Renata tinha dois caminhos pela frente: se desesperar e perder o rumo ou se fortalecer e seguir em frente na tentativa de cura. Preferiu a segunda opção. Renata queria ser a melhor companhia que pudesse para o filho. E com certeza foi. Durante nove anos, ela foi incansável. Fez tudo – e mais um pouco – o que precisava ser feito, no Brasil e no exterior. Mas, infelizmente, Felipe não fez parte das estatísticas de 50% de cura. Ele foi vencido pela doença aos 13 anos de idade, em abril de 2014.

Enquanto acompanhava Felipe pelos hospitais, Renata lamentava que muitas crianças carentes não pudessem ter acesso ao caro e penoso tratamento contra o câncer. A Diretora da pediatria do INCA, Dra. Sima Ferman, era a médica do Felipe num hospital privado, e quando Renata tomou conhecimento de que não havia emergência pediátrica no INCA, resolveu se movimentar para criá-la, o que aconteceu em 2009. Ela organizou festas e campanhas de doação pela página "Todos com Felipe" para levantar o montante necessário. A ação foi um sucesso e a emergência pediátrica, com três leitos, entrou em operação. Ela gostaria que a oferta de leitos fosse até maior, mas o espaço cedido para isso não permitia. A ação contribuiu para a redução da taxa de mortalidade infantil. Antes, as crianças entravam na mesma fila de espera que os adultos. Com a abertura da emergência pediátrica, que funciona 24 horas, estima-se um aumento de 25% no número de atendimentos a pacientes infantojuvenis. Além disso, reduziu em 50% o tempo de espera e em 10% o número total de internações infantis.

A profunda dor pela perda do filho poderia ter se transformado em revolta. Enterrar um filho é inverter a ordem natural da vida. Ninguém – sobretudoe nenhuma mãe e nenhum pai – está

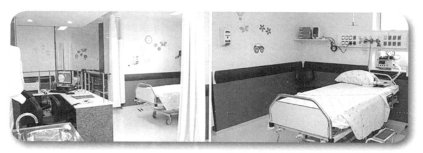

A emergência pediátrica do INCA, no Rio de Janeiro.
Crédito das fotos: arquivo do ITF.

preparado para isso. Para lidar melhor com a perda, Renata começou a fazer *triatlon* e terapia. No esporte, ela trocava energia ruim pela boa e somente na terapia se permitia ficar triste. De modo surpreendente, a partir da imensa dor e do grande sofrimento, menos de seis meses da perda do filho, ela conseguiu criar em setembro de 2014 o Instituto Todos com Felipe. E de onde ela tirou forças para tomar essa iniciativa? – Apesar da doença, ele transmitia paz, leveza e bom humor – diz Renata. E foi daí que veio a vontade de montar o Instituto. Ela queria que a paz, a leveza e o bom humor do filho ainda estivessem presentes em sua vida. A missão do Instituto Todos com Felipe é promover o bem-estar e prestar assistência a crianças e adolescentes carentes com algum tipo de doença, sobretudo aquelas com câncer.

Logo do instituto: Levando ajuda a quem precisa.

Durante as internações do filho, Renata levava uma maleta com brinquedos, jogos de tabuleiro, cartas, papel e lápis de cor que ajudavam, de algum modo, a distraí-lo no hospital. Era um *kit* que estava sempre pronto. Mas ela pensava nas mães das crianças que não tinham condições financeiras de tratar os filhos em hospitais particulares, muito menos condições de pensar em distrações para eles. Ela imaginou então em levar os brinquedos para dentro dos hospitais. Pouco antes de o filho falecer, Renata coordenou um processo de arrecadação de recursos para a construção de uma brinquedoteca no Hospital Municipal Nossa Senhora do Loreto, na Ilha do Governador, no Rio. Foi uma amiga dela que já conhecia o hospital que disse: *"Renata, só você pode ajudar com isso."* Em apenas três dias ela conseguiu levantar o montante necessário e contar com a ajuda de empresas que doaram materiais e serviços. O hospital é referência no atendimento a crianças com fissura labiopalatal, realiza em média 200 consultas por dia e 1.500 cirurgias por ano. O espaço de 100 m² inaugurado em setembro de 2014 – pouco depois da morte de Felipe – marcou também o início oficial do Instituto Todos com Felipe. O que antes era um terreno ao ar livre onde poucas crianças brincavam, se transformou num espaço onde elas podem brincar como se estivessem numa pequena cidade, com cabelereiro, oficina mecânica, bistrô, mercadinho e um camarim de teatro. A brinquedoteca leva o nome do filho: Felipe Cordeiro Guerra Nigri.

A ideia de construir uma brinquedoteca veio para suprir uma carência que Renata observou durante os nove anos que percorreu hospitais com Felipe. Não há espaço lúdico para crianças doentes, que chegam a ficar horas sentadas com os adultos que as acompanham em salas de espera sem entretenimento. Uma brinquedoteca permite que a criança, enquanto espera por atendimento, possa se divertir de algum modo, gerando desenvolvimento social e emocional. Isso melhora a receptividade delas aos exames e tratamentos muitas vezes dolorosos, contribuindo para a redução da ansiedade e do medo dos pequenos. As crianças gostam tanto da brinquedoteca que algumas até gostam de ir para o hospital. É parte da humanização do tratamento pediátrico.

Terreno onde foi construída a Brinquedoteca Felipe Cordeiro Guerra Nigri, no Hospital Municipal Nossa Senhora do Loreto.
Crédito da foto: arquivo do ITF.

A entrada da brinquedoteca Felipe Cordeiro Guerra Nigri.
Crédito da foto: arquivo do ITF.

O interior da Brinquedoteca Felipe Cordeiro Guerra Nigri: um belo espaço lúdico para as crianças.
Crédito da foto: arquivo do ITF.

A Lei Federal 11.104, de março de 2005, dispõe sobre a obrigatoriedade de instalação de brinquedotecas nas unidades de saúde do Brasil – públicas ou privadas – que oferecem atendimento pediátrico em regime de internação. Para não deixar dúvidas, a lei define que brinquedoteca é um espaço com brinquedos e jogos educativos, destinado a estimular as crianças e seus acompanhantes a brincarem, deixando os infratores expostos às penalidades previstas. Infelizmente, nem todas as unidades de saúde respeitam a lei.

O Instituto Fernandes Figueira, no bairro do Flamengo, no Rio, que realiza cerca de 20 mil atendimentos mensais a crianças e adolescentes com problemas neuropediátricos, também recebeu, em julho de 2015, uma brinquedoteca coordenada pelo trabalho de Renata. A veia solidária de Renata sempre existiu, mesmo antes de perder o filho para o câncer. Em 2010, quando aconteceu o deslizamento de terra no Morro do Bumba, em Niterói, deixando dezenas de mortos e centenas de desabrigados, Renata se mobilizou para ajudar na remoção da população local, assim como no desastre ocasionado pelas fortes chuvas que caíram na região serrana do Rio, em janeiro de 2011, afetando as cidades de Nova Friburgo, Teresópolis, Petrópolis e Sumidouro, onde morreram mais de 500 pessoas e milhares de famílias ficaram desabrigadas.

Em dezembro de 2015, Renata lançou um livro chamado *Borboleta Azul – Uma História de Amor Eterno*, no qual ela compartilha a história de amor e coragem ao lado do filho. O livro corrobora o fato de que Felipe permanece vivo em cada ação coordenada por Renata à frente do Instituto Todos com Felipe.

Depois de construir a emergência pediátrica do INCA, Renata, com a ajuda de muitos colaboradores, conseguiu reformar e revitalizar toda a ala pediátrica de lá, onde as crianças ficam internadas. Após dois anos de obras, o espaço de três andares foi inaugurado em fevereiro de 2017.

O mesmo fôlego que a fez ficar ao lado do filho durante nove anos a faz abraçar ainda mais iniciativas. Renata lançou uma campanha em dezembro de 2016 para arrecadar recursos para a reforma da ala infantojuvenil da ABBR, a Associação Brasileira Beneficente de Reabilitação, que fica no Jardim Botânico, no Rio

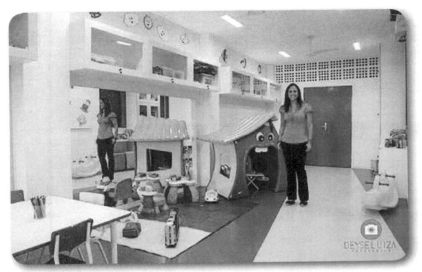

Renata na brinquedoteca do Instituto Fernandes Figueira.
Crédito foto: Deyse Luiza.

de Janeiro. Acreditar que o filho está a seu lado nessa jornada não permite que o fôlego acabe.

Renata também é mãe de Ana Carolina, nascida em 2006. Ana Carolina também é fonte de amor e energia para que ela siga em frente. Além dos investimentos na área de saúde, o Instituto começou a atuar com educação infantil, sempre com o objetivo de transformar para melhor a vida de crianças e adolescentes carentes, proporcionando um ambiente adequado para o desenvolvimento emocional e pedagógico. Há um projeto previsto para acontecer ainda em 2017 de revitalização de uma creche em condições precárias e insalubres, numa comunidade carente no Rio, em Manguinhos. Esse projeto atenderá 300 crianças e tem um viés de sustentabilidade, entre outras coisas, pela reutilização de água e colocação de pneus usados no teto do espaço, para absorção do calor.

O maior sonho de Renata é construir um hospital para crianças com câncer na cidade do Rio de Janeiro, que seja referência no assunto. Todas as ações que têm sido feitas até agora pelo Instituto Todos com Felipe parecem ser a preparação do terreno para que mais um sonho se transforme em realidade em breve.

22 Make-A-Wish

Sonhar faz parte da natureza humana. O Homem sonha desde que o mundo é mundo. É o primeiro passo para tornar alguma coisa em realidade. Realizar sonhos faz bem. Segundo oWikipédia, "o sonho é uma experiência que possui significados distintos se for ampliado um debate que envolva religião, ciência e cultura. Para a ciência, é uma experiência de imaginação do inconsciente durante nosso período de sono. Para Freud, os sonhos noturnos são gerados na busca pela realização de um desejo reprimido. Recentemente, descobriu-se que até os bebês no útero têm sono REM – movimentos rápidos dos olhos – e sonham, mas não se sabe com o quê. Em diversas tradições culturais e religiosas, o sonho aparece revestido de poderes premonitórios ou até mesmo de uma expansão da consciência". Não é possível viver sem sonhar. Ainda bem!

No final de 2016, o projeto *Bonecas de Propósito* participou de uma nova iniciativa organizada pelo *Atados* – um projeto que conecta pessoas querendo ajudar com projetos e iniciativas que necessitam de ajuda – chamada *Ulala: Universidade Livre*, com o intuito de compartilhar diversos tipos de conhecimento de modo acessível. Uma das metas da Ulala era arrecadar recursos para a construção de um restaurante para refugiados no Rio de Janeiro. Na primeira aula, as pessoas inscritas no curso *Bonecando com Propósito* se apresentaram, cada uma falando um pouco de si, para que todos pudessem se conhecer melhor. Uma delas disse que era "fada" na Make-A-Wish. Cheguei em casa correndo para pesquisar mais sobre a Make-A-Wish.

Em 1980, com 7 anos de idade, o menino Christopher James Greicius já sonhava em ser um oficial de polícia. Mas ele jamais poderia imaginar que seu sonho seria a inspiração para a maior organização realizadora de sonhos do mundo. A Make-A-Wish Foundation começou a partir do sonho de um garoto. Chris Greicius estava em tratamento de leucemia.

O oficial de alfândega Tommy Austin era amigo de Chris e de sua mãe. Conhecedor do sonho do menino em ser um oficial de polícia, ele prometeu a Chris uma carona em um helicóptero da polícia. Quando a saúde de Chris começou a piorar, Tommy rapidamente entrou em contato com Allan, um oficial do Departamento de Segurança Pública do Arizona e planejou uma experiência com o objetivo de melhorar o astral de Chris.

Em abril de 1980, Chris saiu em *tour* pela cidade com o helicóptero do departamento de polícia, que o levou para o quartel-general. Ele ainda recebeu uma farda policial especial, feita sob medida para ele. Chris também fez um teste de motociclista para que pudesse receber seus *pins* em forma de asa para colocar em sua farda.

Logo depois, Chris estava de volta ao hospital. Ele pediu para arrumarem o seu quarto de uma maneira que sempre pudesse ver sua nova farda com *pins* em forma de asa, seu capacete de motociclista e a boina de campanha. Infelizmente, no dia seguinte Chris faleceu, mas não sem antes ter visto seu sonho se tornar realidade e experimentar a esperança, a força e a alegria de ter um sonho seu realizado.

Linda, a mãe de Chris, e vários voluntários que participaram do sonho dele puderam comprovar a transformação que ocorreu com Chris – estado de alegria, melhora da autoestima, retomada da felicidade, brilho nos olhos – e com eles mesmos, e decidiram que a ideia de transformar sonhos em realidade deveria continuar. Assim nascia nos Estados Unidos, em 1980, a Make-A-Wish Foundation, com os voluntários que realizaram o sonho de Chris,

Linda e Allan. Em torno de 16 mil sonhos são realizados todos os anos por lá. Alguns anos mais tarde, em 1993, foi fundada a Make-A-Wish Internacional com o objetivo de realizar sonhos em outros países pelo mundo. Hoje, a Make-A-Wish está presente em cerca de 50 países. A Make-A-Wish Internacional realiza quase a mesma quantidade de sonhos que os Estados Unidos por ano. No mundo, a cada 16 minutos há um sonho sendo realizado pela organização.

A Make-A-Wish é uma organização que tem como missão a realização de sonhos de crianças doentes levando esperança, força e alegria. Não há nenhum critério socioeconômico para ter o sonho atendido. São apenas dois pré-requisitos: ter efetivamente uma doença que coloque a vida em risco e ter entre 3 e 18 anos incompletos. Para a criança que tem o seu futuro ameaçado por uma doença grave, ter um sonho realizado significa um alento, e que vale a pena acreditar no restabelecimento da saúde. Nesse momento, ela pode esquecer a dor e as dificuldades da doença e ser, apenas, uma criança. Quando a Make-A-Wish transforma algo "impossível" em realidade, os pequenos também podem acreditar na cura da doença.

Logo do projeto: Realização de sonhos com magia.

Salim Tannus é um empresário que sempre viajou muito pelo mundo a trabalho. Em 2006, numa dessas viagens, ele viu uma propaganda da *Make-A-Wish* no aeroporto de Miami. Era a foto de uma menina que dizia ter o sonho de ser bailarina. Foi assim que ele desejou trazer a Make-A-Wish para o Brasil. Salim juntou alguns poucos amigos que também se apaixonaram pela causa. Foram dois anos de "namoro" até que em 2008 a organização iniciou oficialmente suas atividades em São Paulo.

Para que a Make-A-Wish possa tomar conhecimento dos sonhos das crianças, eles precisam ser cadastrados no *site* e isso pode ser feito pela própria criança, pelos pais da criança ou pelo médico responsável pelo tratamento. Para a elegibilidade do sonho, é

169

necessária a apresentação de um laudo médico atestando a gravidade da doença, bem como o estado atual de saúde da criança. Nesse laudo deve constar o CID – documento de classificação internacional de doenças.

Existem quatro categorias de sonhos possíveis. A criança ou o adolescente pode desejar *ter* alguma coisa – um videogame, uma televisão, um telefone celular ou uma boneca, por exemplo, *conhecer* alguém – um jogador de futebol ou mesmo um time inteiro, um(a) cantor(a), ator ou atriz, um(a) apresentador(a) de programa na televisão, etc., *ser* alguma coisa – experimentar viver uma personagem, exercer um ofício, como padeiro, ator, confeiteiro de bolos, cabeleireiro, policial, bombeiro, médico, professor, etc., ou ainda *ir* a algum lugar – visitar algum lugar, uma cidade, uma praia, um parque de diversões, um estádio de futebol, etc. A regra de base é que a realização do sonho esteja envolvida numa magia especial, para tornar esse dia ainda mais incrível.

Os sonhos cadastrados são analisados pela equipe da Make-A-Wish que direciona para os voluntários responsáveis por operacionalizar a realização do sonho. Não são "pessoas comuns": as mulheres são fadas madrinhas e os homens são gênios da lâmpada. É preciso que cada voluntário tenha tempo disponível e realize os treinamentos. Sempre em trio, eles realizam entrevistas leves e divertidas com as crianças para que elas possam confirmar de algum modo o sonho que querem realizar. Desses encontros podem surgir novos elementos importantes para transformar a realização do sonho numa experiência ainda mais inesquecível. A ideia é *viajar* junto com a criança para que ela realmente possa vivenciar tudo que imaginou em seu sonho. Quando se trata, por exemplo, de desejar ter um videogame ou uma televisão, a Make-A-Wish não providencia e entrega os aparelhos *apenas*. Na entrevista com as crianças, as fadas e gênios procuram fazer com que a criança conte como deseja concretizar o sonho. Talvez com alguém especial ou um super-herói realizando a entrega. A realização do sonho é sempre *embalada* em magia.

Viver uma experiência transformadora pela realização de um sonho tem um impacto direto na força emocional não ape-

Uma Maratona de Sonhos Reais

nas daqueles que têm seus sonhos realizados, mas de todos que participam desse processo. Pesquisa realizada pela Make-A-Wish America comprova essa afirmação:

- 89% dos pais observaram um aumento na força emocional da criança, que a ajudou na melhoria do quadro médico;
- 81% dos pais observaram um aumento na vontade da criança em continuar com o tratamento contra a doença;
- 97% dos pais afirmam que houve um aumento da união familiar;
- 84% dos pais observam uma redução no nível de ansiedade e medo dos filhos;
- 92% dos voluntários se sentiram mais motivados a doar e ajudar outras famílias;
- 91% dos voluntários e 94% dos pais expressaram um profundo comprometimento com a filantropia e com o voluntariado.

Em novembro de 2008, a Make-A-Wish Brasil realizou o primeiro sonho no país. Foi o sonho da Jaíne, uma menina que morava em Iretama, no interior do Paraná, a 400 quilômetros da capital Curitiba. Ela tinha 14 anos na época e havia sido diagnosticada com osteossarcoma, um tipo de câncer nos ossos. O sonho dela era conhecer o mar e confirmar que a água era mesmo salgada. A ideia era fazer com que Jaíne pudesse vivenciar o mar de diferentes formas: de cima, colocando os pés na areia, comendo frutos do mar e visitando um aquário. Na véspera da realização do sonho, a equipe de voluntários saiu com Jaíne para comprar um biquíni. O dia amanheceu chuvoso e o voo de helicóptero para levá-la do hospital ao Guarujá teve que ser suspenso e substituído por uma viagem de carro. Durante o trajeto, o tempo foi melhorando e quando chegaram no Guarujá o Sol parecia ser mais um elemento providenciado para a realização do sonho. Teve passeio de barco, mergulho no mar, a visita ao aquário, um gostoso almoço e muitos sorrisos da Jaíne.

Em 2013, Mateus, um menino de 15 anos foi diagnosticado com a mesma doença que Jaíne. Dois anos mais tarde, aos 17, ele já havia amputado uma das pernas e retirado três nódulos do pulmão. Ele sonhava em ganhar um *notebook* para jogar, conversar com seus amigos e acessar a Internet. As três fadas designadas para realizar esse sonho marcaram um almoço com Mateus e sua mãe, no restaurante de um *shopping* no Rio, com o pretexto de apresentá-lo a Fábio Fernandes, um jovem que ficou tetraplégico em 1999 e que ficou conhecido por ter sido o primeiro tetraplégico a saltar de paraquedas sozinho no mundo em 2011. A ideia era mostrar para o menino que, apesar da tetraplegia, Fábio leva uma vida com alegria, trabalha e namora. Ao chegar no restaurante, Mateus recebeu a notícia de que Fábio não poderia comparecer, mas havia enviado uma mensagem para ele. A mensagem foi mostrada do celular de uma das fadas. Depois do vídeo, Mateus ouviu uma voz chamando seu nome. Ele se levantou e seguiu em direção à voz: encontrou uma caixa onde estava escrito "Mateus, acredite nos seus sonhos". Ao abrir a caixa, encontrou o *notebook* que desejava. Em seguida, Fábio finalmente apareceu, junto com seu pai e seu irmão, e todos almoçaram juntos.

As parcerias firmadas com empresas e organizações são muito importantes para a realização dos sonhos. Elas cedem produtos – para realização dos sonhos de *ter* – quartos de hotéis, entradas em parques de diversão e passagens aéreas – para a realização dos sonhos de "ir". Anualmente, a Make-A-Wish também organiza em São Paulo um jantar de gala para arrecadar doações de recursos financeiros de pessoas físicas e jurídicas, importantes para colocar os sonhos em prática. Esse jantar costuma acontece no final de outubro ou novembro, e celebra os sonhos realizados e parcerias do ano corrente, além de apresentar a campanha para o ano seguinte. Todos os anos a Make-A-Wish trabalha com um tema novo para a campanha. Em 2017, o tema é *Realizar Sonhos Faz Bem*.

Em 2017, Make-A-Wish Brasil iniciou um processo de expansão das atividades, realizando no Rio de Janeiro a primeira capacitação de voluntários da cidade que se tornaram fadas e gênios, aptos a realizarem sonhos de crianças de todo o Estado. Agora, eu sou um desses gênios também. Os planos de expansão ainda incluem a criação de novas bases no interior de São Paulo e no sul de Minas Gerais. Mais de 1.500 sonhos já foram realizados no Brasil desde 2008. Tomara que essa desejada expansão possa ajudar a realizar cada vez mais os sonhos das crianças.

23 Mão Santa

Num sábado de março de 1911, em Nova York, mais de 120 mulheres morreram num incêndio na fábrica Triangle Shirtwaist Company. Os patrões tinham o hábito de manter os trabalhadores trancados para evitar que fossem embora no término do horário normal de trabalho. Há informações de que a maioria dos trabalhadores era de mulheres e meninas imigrantes – russas, italianas, alemãs e húngaras – que trabalhavam em regime de mais de 14 horas por dia, com jornadas semanais que iam de 60 a 72 horas, e recebiam por isso salários irrisórios que oscilavam entre 6 e 10 dólares por semana. Apesar dos indícios de incêndio criminoso, a justiça americana conseguiu absolver os proprietários da fábrica. O caso revelou condições degradantes de trabalho e foi um marco para o fortalecimento das organizações sindicais e para a reivindicação de igualdade de direitos entre homens e mulheres. Há quem diga que o ocorrido foi inspiração para criação oficial do Dia Internacional da Mulher, comemorado atualmente todo dia 8 de março. Alguns anos mais tarde, a força de trabalho feminina passou a ser fundamental, pois muitos homens estavam envolvidos com as duas Grandes Guerras Mundiais, entre 1914 e 1918, e 1939 e 1945. Mas foi somente na década de 1960, durante o movimento dos Direitos Civis, que o feminismo ganhou mais força e abordou, entre outras coisas, a inclusão formal das mulheres no mercado de trabalho com a garantia de direitos. De lá para cá, as conquistas femininas foram muitas ao redor do mundo, mas a desigualdade de direitos entre os gêneros ainda existe. No Brasil, muitas ainda trabalham na informalidade, e aquelas que trabalham na formalidade e ocupam os mesmos cargos que os homens não recebem o mesmo salário. A cultura da inferioridade e da fragilidade femininas ainda é uma triste realidade, e precisa ser erradicada.

As Bonecas de Propósito conheceram o projeto *Mão Santa* em 2016, durante o evento Baanko Challenge, realizado no Rio de Janeiro, com o objetivo de identificar organizações alinhadas com os objetivos de desenvolvimento sustentável da ONU para fomentar negócios de impacto social.

A veia social sempre esteve presente na vida do administrador de empresas Guilherme Sucupira, por causa dos exemplos que teve em casa. Durante dezessete anos, seu pai deu aulas envolvendo temáticas como ética, responsabilidade social e cooperação internacional numa organização não governamental e numa universidade, ambas no Rio. Em 2010, Guilherme participou de um intercâmbio fora do país, na Inglaterra, e quando voltou ao Brasil queria realizar algum trabalho social. Ele seguiu o caminho tradicional de quem estuda Administração e chegou a estagiar em três grandes empresas nas áreas de vendas, financeira e de recursos humanos, e vivia um dilema, já que essas experiências não permitiam que ele gerasse as transformações sociais que desejava. Foi nesse momento que Guilherme resolveu que sua monografia de final de curso seria sobre empreendedorismo social. Numa palestra sobre o tema, ele descobriu que era possível, ao mesmo tempo, ganhar dinheiro e causar impacto social. – Meu sonho é contribuir com a redução da desigualdade social, proporcionando condições justas e boas oportunidades para todos – diz ele.

Guilherme teve a ideia de montar seu próprio negócio social, em 2014, durante as aulas na disciplina Empreendedorismo e Desenvolvimento Local na universidade onde estudava. Conversando com um amigo – Jefferson Barcellos – eles pensaram num negócio com viés de desenvolvimento local do bairro, por meio de intermediações de serviços e qualificação de um grupo de profissionais parceiros, com foco na comunidade Vila

Parque da Cidade, no bairro da Gávea, na zona sul do Rio. A ideia surgiu quando Jefferson conheceu alguns moradores dessa comunidade que trabalhavam a muitos quilômetros de distância de casa realizando serviços na construção civil. Eram horas para chegar e para voltar do trabalho, e ele pensou que se esses profissionais trabalhassem próximos de casa ganhariam qualidade de vida e ficariam mais felizes. Era também um modo de os aproximar de moradores vizinhos "do asfalto", reduzindo, assim, o abismo social que existe entre eles. Guilherme e Jefferson começaram atuando na comunidade como voluntários, no projeto social chamado Parque Vivo, no qual desenvolveram algumas atividades como a criação de uma oficina de customização de cadernos antigos e reciclagem de papel, e um *workshop* chamado Parque de Histórias, para despertar a consciência ecológica e o gosto pela leitura nas crianças. No mesmo ano, em 2014, nascia o projeto *Grupo do Parque*, com o nome inspirado na comunidade em que atuava, em parceria com os moradores que trabalhavam na construção civil, apresentando a proposta de realizar os serviços mais perto de casa. Com o desejo de aumentar a área de atuação para além da comunidade, no final de 2015, o nome foi alterado ara *"Mão Santa – Serviços e Pessoas de Confiança*, que reproduz um dos principais valores defendidos por eles.

Ela é de Itaguaí, município da região metropolitana do Rio. Formada em Pedagogia, Dirce dos Santos trabalhou como voluntária durante sete anos no Movimento Brasileiro de Alfabetização (Mobral), programa criado na década de 1970 pelo Governo Federal para erradicar o analfabetismo no país (o programa foi extinto em 1985). Seu avô nasceu numa fazenda de escravos em Pernambuco, mas fugiu para o Rio pegando carona pelas estradas. Ela conta que ele se alfabetizou sozinho, copiando do quadro-negro as frases que a professora não apagava. "Ele é a minha referência de ser humano, meu herói, meu ídolo. Tinha uma preocupação pelos outros fora de série e se tornou um empreendedor muito próspero.". Em 2003, Dirce morava com o marido e os dois filhos no bairro de Vila Isabel, zona norte do Rio. Nesse ano, o marido, que trabalhava na construção civil, sofreu um acidente e precisou ficar afastado do trabalho, sem suporte da construtora que o empregava. Dirce era sócia de uma confecção e precisou vender sua parte na sociedade para poder custear o tratamento de saúde do marido. Com a queda na renda, a família não conseguiu mais pagar o aluguel em Vila Isabel e eles foram parar numa casa aos pés da comunidade do Morro do Adeus, em Bonsucesso. A casa era muito precária, mas era o que dava para pagar na época. Dirce conta que havia uma grande fenda na parede da sala, uma rachadura por onde escorria água quando chovia. Além de seu marido, seu pai e seus quatro irmãos trabalhavam na construção civil. Apesar dos apelos, nenhum deles tinha tempo para consertar o problema da parede da sala. Chegou a contratar um pedreiro, que durante seis meses, desperdiçou material, dinheiro e não conseguiu terminar o trabalho. Ela própria resolveu comprar um produto e fechar a fenda, mas diz que, apesar do problema resolvido, o acabamento ficou muito ruim. Foi quando ela viu um anúncio da ONG Mão na Massa na televisão, oferecendo oportunidades de trabalho para mulheres na construção civil. "Era o que eu precisava para reformar o restante da casa." Entrou em contato, mas descobriu que aos 38 anos, estava fora da faixa etária solicitada. Havia 100 vagas e 300 candidatas. Ao contar que queria aprender os ofícios da construção civil para reformar a própria casa e trabalhar com isso para gerar renda em casa, ela conseguiu a vaga. Quando levantou a primeira parede de tijolos ficou emocionada, sobretudo por ter crescido ouvindo que "lugar de menina é em casa". Finalmente, reformou a casa em que morava e o capricho acabou chamando a atenção dos vizinhos. No boca-a-boca, começou a arrumar clientes e se juntou a outras três mulheres que havia conhecido na ONG Mão na Massa para conseguir dar conta da demanda. Com o trabalho na construção civil, Dirce conseguiu adquirir sua casa própria e o primeiro carro. – Quero que mais gente também consiga – diz ela.

Para trazer o *core business* para gestão do projeto, Guilherme partiu em busca de um sócio que entendesse bem de construção civil. Foi assim que, em 2016, ele visitou uma obra no bairro de Botafogo que estava sendo feita por Dirce. A qualidade do trabalho e os mais de dez anos atuando na construção civil chamaram a atenção de Guilherme, que a convidou a se juntar ao Mão Santa. Quando conheceu a história de Guilherme, ela reconheceu "o lado humano do avô" e ficou encantada. Dirce é uma empreendedora social, capacitando, incentivando e atraindo basicamente mulheres para o mercado da construção civil. Sua extensa rede de contatos permite que novos talentos sejam identificados para trabalhar na Mão Santa. Foi o início da marca registrada do projeto, de inserir mulheres num mercado ainda dominado pelos homens. Por falta de tempo, Jefferson acabou deixando a Mão Santa para se dedicar a outras iniciativas e, em agosto de 2017, a gestão estava a cargo de Guilherme e de Dirce.

Logo do projeto.

O Instituto de Estudos do Trabalho e Sociedade (ESTS) revela que cerca de 1,5 milhão de pessoas trabalham informalmente no setor de serviços na cidade do Rio de Janeiro. Dados revelam que existem mais de 5 mil mulheres formadas em cursos técnicos profissionalizantes na cidade, mas sem experiência de mercado. Em torno de 60% de quem trabalha na Mão Santa são mulheres, moradoras de bairros e favelas do centro e das zonas norte e sul da cidade, que executam serviços diversos da construção civil – atuando como eletricistas, marceneiras, encanadoras, pedreiras, pintoras e em reformas gerais. Os serviços acontecem principalmente na zona sul, no centro e na Barra da Tijuca.

A qualidade na prestação de serviços na cidade do Rio de Janeiro deixa muitas vezes a desejar e reclamações de clientes sobre pontualidade, comprometimento, garantia e preço são frequentes. Além dos cursos e capacitações relacionados com a atividade fim, são ministrados cursos comportamentais, importantes para que cada profissional aprenda como se relacionar melhor com o cliente. A Mão Santa conecta clientes que buscam um serviço de qualidade e de confiança com prestadores de serviço qualificados e confiáveis. Ao promover essa conexão, o projeto contribui não apenas com a melhora no nível da prestação dos serviços, mas também com a inclusão de mulheres no mercado de trabalho, proporcionando geração de renda e desenvolvimento técnico e profissional.

Dorivaldo, Cláudia, Edneudo e Jussara atuam no segmento de serviços elétricos prestados pela Mão Santa. Cada um deles chegou no projeto de uma maneira diferente: Dorivaldo, que já tinha conhecimentos de elétrica, foi indicado pela líder comunitária da favela Vila Parque da Cidade, e tinha o sonho de cursar formalmente Engenharia Elétrica. A Mão Santa conseguiu uma vaga para ele numa universidade privada do Rio, através de um pré-vestibular comunitário. A partir daí, Dorivaldo começou a realizar serviços para a Mão Santa e é considerado um "anjo" para o projeto. Jussara é uma mulher que Dirce conheceu na ONG Mão na Massa e foi indicada por ela. Edneudo viu uma propaganda da Mão Santa na Vila Parque da Cidade e entrou em contato. Ambos começaram a acompanhar Dorivaldo na realização dos serviços e, além da formação teórica, aprenderam também pela observação, sendo qualificados na prática. Cláudia também conheceu Dirce na ONG Mão na Massa e já instalou painéis solares no Morro Dona Marta, em Botafogo. Todos já conseguem perceber elevação de renda. Mas não é apenas isso: os quatro se sentem mais autoconfiantes, mais bem preparados para lidar com os clientes, mais qualificados e mais seguros para realizar os serviços.

Até março de 2017, a Mão Santa já contava com cerca de 40 profissionais em sua rede de prestadores de serviço e tem planos de expansão para todo o país. Em função dessa experiência, também quer, no futuro, exportar o modelo de negócios para outros países. Desde março de 2016, quando o *site* entrou no ar, em um ano já foram realizados mais de 90 serviços. Em torno de 60% dos que entraram em contato com a Mão Santa solicitando orçamento acabaram fechando a contratação do serviço. E a satisfação dos clientes pode ser percebida com novas solicitações de serviços por quem já experimentou.

Homenagem da Mão Santa ao Dia Internacional da Mulher.
Crédito da foto: arquivo da Mão Santa.

Guilherme e Dirce querem que os planos expansionistas da Mão Santa aconteçam somente se forem feitos com qualidade. "Queremos garantir que o impacto de transformação seja real na vida de cada um que se juntar à nossa rede, e que tenham prazer em trabalhar conosco." Eles estabeleceram uma espécie de tripé para nortear o crescimento do projeto: querem promover geração de renda, mas com qualificação técnica e comportamental e ajudar na realização de projetos individuais num horizonte de três a cinco anos. Esse último aspecto faz parte da entrevista inicial e será acompanhado pela Mão Santa para verificar a necessidade de eventuais ajustes para que esses projetos individuais sejam uma realidade. Eles entendem que não faz sentido as pessoas trabalharem apenas por dinheiro: é preciso, sobretudo, trabalhar feliz.

24 Médicos Sem Fronteiras

O que você faz quando está doente? Vai ao médico para buscar tratamento e recuperar a sua saúde. Os mais privilegiados ainda conseguem visitar o médico preventivamente, para acompanhar e preservar o bom estado de saúde. E quando você não tem condições de ir ao médico nem mesmo quando está doente? Sem plano médico particular, e o sistema público de saúde é precário e você não consegue ser atendido quando precisa. E ainda, pior do que isso, quando não existe nenhuma estrutura de saúde pública?

A *Médicos sem Fronteiras* (MSF) é uma organização humanitária internacional criada em 1971, na França, por jovens médicos e jornalistas que haviam atuado como voluntários no fim dos anos 1960 em Biafra, na Nigéria. Enquanto socorriam vítimas em meio a uma guerra civil brutal, os profissionais perceberam as limitações da ajuda humanitária internacional: as dificuldades de acesso às pessoas em necessidade e os entraves burocráticos e políticos que faziam com que muitos se calassem, ainda que diante de situações emergenciais. Desde então, a MSF leva cuidados de saúde a pessoas afetadas por conflitos armados, desastres naturais, epidemias, desnutrição ou sem qualquer acesso à assistência médica. Além disso, a organização busca chamar a atenção para as dificuldades enfrentadas pelas pessoas atendidas em seus projetos, dando visibilidade a realidades que não podem permanecer negligenciadas. A organização leva assistência e cuidados preventivos a quem necessita, independentemente do país onde se encontram. Em

183

Logo do projeto.

1999, a MSF recebeu o Prêmio Nobel da Paz.

Quando a atuação médica não é suficiente para garantir a sobrevivência de determinada população – como ocorre em casos de extrema urgência – a organização ainda fornece água, alimentos, saneamento e abrigos. Esse tipo de ação se dá prioritariamente em períodos de crise, sobretudo quando a vida das pessoas está ameaçada.

A atuação de MSF respeita as regras da ética médica, garantindo o direito dos pacientes à confidencialidade, e é guiada pelo princípio da imparcialidade, oferecendo cuidados sem discriminação de cor, etnia, gênero, religião ou posição política. Ninguém pode ser punido por exercer uma atividade médica de acordo com o código de ética profissional, não importando as circunstâncias nem quem são os beneficiários. Isso é fazer o bem sem olhar a quem.

MSF em ação em um barco: não existe lugar impossível de chegar.
Foto: arquivo MSF.

A MSF não toma partido em conflitos de natureza política, ideológica ou religiosa. Neutra e independente, a organização determina, de acordo com sua própria avaliação, onde, quando e como agir. Quando a atuação se dá em resposta a uma emergência repentina, como uma catástrofe natural, ela pode ser viabilizada entre 48 e 72 horas. Por trás da agilidade da MSF, está um sistema de logística extremamente eficiente: em 1980, a organização passou a utilizar *kits* personalizados e adaptados para cada contexto, que são previamente embalados, ficam prontos para viagem e são constantemente aprimorados. Os *kits* contêm medicamentos, suprimentos e equipamentos básicos e atendem desde campanhas de vacinação até a montagem de um hospital inflável.

Por meio da sua *Campanha de Acesso a Medicamentos Essenciais*, criada com o dinheiro do Prêmio Nobel, a MSF se coloca ao lado de seus pacientes para sensibilizar e, às vezes, pressionar os atores envolvidos – órgãos e instituições internacionais e a indústria farmacêutica – para que as populações que mais precisam tenham acesso a medicamentos de qualidade.

Denylson Salata e eu trabalhamos juntos – no mesmo departamento inclusive – de uma grande multinacional francesa com operações no Rio de Janeiro. Após 24 anos trabalhando nessa empresa, no final de 2011 ele tomou coragem para arriscar e foi trabalhar na indústria do petróleo. Sucessivas crises globais atingiram em cheio essa indústria. A partir de 2014, a queda brusca no preço do barril de petróleo no mundo inteiro inviabilizou diversos projetos, que foram paralisados. Aliado a isso, o Brasil vivia uma grande crise político-financeira (2014-2015), e o nome da Petrobras aparecia nas manchetes de notícias, envolvida em escândalos de corrupção, impactando diretamente toda a cadeia do petróleo. Depois de cinco anos trabalhando na petrolífera americana, Denylson e todos os empregados foram demitidos: a empresa encerrou suas atividades no Brasil.

Era uma "tempestade perfeita". Com 54 anos de idade, desempregado, tentou se recolocar no mercado e, durante onze meses, ouviu muitos "nãos". Seu perfil não era adequado, era sempre o que escutava. Na realidade, sentiu na própria pele a discriminação e o preconceito das empresas que o consideravam velho.

Um dia, assistindo televisão, ele viu um comercial da MSF pedindo doações. Aquilo soou como a descoberta do fogo para Denylson. Por ter trabalhado em uma empresa francesa, ele já conhecia o importante trabalho do MSF de levar ajuda médica a quem mais precisa e dar voz a essas pessoas, testemunhando para o mundo a situação em que elas se encontram, mas jamais pensou que pudesse ajudar MSF de outra maneira que não fosse doando dinheiro. Denylson estava enganado.

Enquanto ele tentava "vender" sua capacidade produtiva em troca de dinheiro, percebeu que poderia vender sua capacidade produtiva também em troca de realização pessoal e profissional. Ato reflexo, entrou no *site* da MSF Brasil e foi direto na seção "Trabalhe". Não havia vagas anunciadas na sua área de atuação, então ele enviou uma mensagem se colocando à disposição para atuar como voluntário na área de suprimentos. Alguns dias mais tarde, chegou uma resposta com uma proposta. Mas não se tratava de um trabalho voluntário. Era um convite para compor o *staff* de "expatriados" da MSF, que é um grupo de profissionais − médicos, enfermeiros, psicólogos, engenheiros etc. − que trabalha fora de seus países de origem, sem vínculo empregatício permanente com a organização. A cada participação em projetos da MSF ele teria um contrato por tempo determinado, recebendo uma remuneração mensal e uma ajuda de custo no país onde estivesse atuando. Em caso de interesse, Denylson deveria enviar documentação, realizar algumas entrevistas e, caso fosse aprovado, teria um treinamento de duas semanas num dos centros operacionais da MSF, em Bruxelas. Depois disso, partiria para a primeira missão.

Não foi uma decisão fácil, mas ele tomou coragem mais uma vez. Fazer parte da MSF significaria mudar radicalmente de vida e passar meses longe de casa, da família e dos amigos. Mesmo que ainda existisse dúvida, Denylson resolveu participar do processo seletivo e adiar essa decisão. De nada adiantaria decidir ir se não fosse aprovado no processo. No mesmo dia em que aceitou participar do processo seletivo da MSF, uma empresa para a qual havia enviado seu currículo entrou em contato. Isso só fez aumentar sua incerteza. Conclusão: ele participou dos dois processos seletivos em paralelo. Mas a MSF foi mais rápida: fez uma proposta e Denylson aceitou.

De algum modo, ele se sentiu atraído. A falta de oportunidades de trabalho no Brasil para um profissional com a sua idade e a oportunidade única de usar todas as experiências adquiridas ao longo de 30 anos de trabalho em prol de uma causa humanitária Motivado para trabalhar num lugar onde não existe a competição por melhores salários e a sua maior recompensa não é o salário no final do mês, nem o bônus anual, mas é saber que você estará ajudando alguém que precisa muito. Muitas vezes, o sorriso de agradecimento do beneficiado não acontece, mas por que querer algo em troca? Muitas vezes, o sorriso não vem simplesmente porque faltam forças para sorrir naquele momento.

O apoio da família – esposa e filhos – e uma situação financeira confortável, pela economia e investimentos que havia feito ao longo de muitos anos de trabalho também foram fatores que tranquilizaram Denylson para a tomada de decisão. A família, inclusive, o motivou a topar esse desafio que iria mudar não só a relação dele com a vida, mas a de toda a família, que iria passar um longo período longe dele.

"A ficha só caiu" realmente quando ele recebeu o bilhete aéreo com todos os deslocamentos já agendados (Rio-Copenhague-Bruxelas-Kinshasa-Bruxelas-Rio). O primeiro voo decolaria do Rio no dia 26 de agosto de 2016, e o retorno estava marcado para 15 de janeiro de 2017. Frio na barriga. Vazio. Solidão. Angústia. O ser humano saindo da zona de conforto. *"Vou ficar longe da minha família e da minha casa por cinco meses? Será que eu estou fazendo a coisa certa?"* Mas tudo se transformou em excitação no dia do embarque, pelas coisas novas que viriam pela frente.

Ele foi parar na República Democrática do Congo (RDC), o segundo maior país da África em extensão territorial e o quarto em população, com uma história de colonização violenta e conflitos internos. No Índice de Desenvolvimento Humano (IDH) da ONU, que mede os indicadores de renda, educação e saúde em

188 países, o Congo ficou na 176ª colocação em 2015. A base de Denylson seria na capital, Kinshasa, uma megalópole de contrastes com mais de 10 milhões de habitantes.

Denylson no aeroporto de Kisangani, numa escala entre as cidades de Kinshasa e Goma, com o avião "RED" ao fundo, como é chamado o avião de uso restrito e compartilhado entre o MSF e a Cruz Vermelha Internacional.
Foto: arquivo pessoal de Denylson.

A chegada de Denylson a Kinshasa não foi nada motivadora. Um voo ruim de 9 horas de duração e o desembarque às 10 horas da noite não foi tranquilo: o clima era tenso, cada policial ou soldado que se aproximava parecia que estava pronto para encontrar algum problema. Ele passou pela Imigração tranquilamente, graças à documentação que a MSF providenciou: uma identidade MSF e uma carta de missão explicando o motivo da viagem e solicitando que as autoridades não dificultassem sua entrada no país. Nesse momento, Denylson percebeu claramente o valor que o nome da MSF tem nessas situações.

Mala na mão, o primeiro contato com a vida no país do lado de fora do aeroporto. Onde deveria estar um motorista uniformizado da MSF o esperando, havia uma multidão de vendedores, taxistas e guias de turismo que brigavam entre si para se aproximar de Denylson. *"O que fazer, caso não encontre o motorista do MSF?"* Felizmente, cerca de cinco minutos depois ele avistou o motorista, entrou no carro e seguiu em direção ao que seria sua casa pelos cinco meses seguintes.

Após quase meia hora de um trânsito completamente caótico – na grande maioria dos cruzamentos não existe semáforo, avança quem for mais audacioso e tiver a buzina mais forte – Denylson chegou na casa onde se hospedaria, chamada "Moyo 2". Uma casa enorme com sete quartos, um para cada profissional estrangeiro. Simples, mas com bastante conforto para os padrões locais. O guardião da casa indicou seu quarto e deu algumas explicações básicas, como horário do gerador, o que fazer em caso de falta de água, eletricidade, etc.

De maneira geral, quando está atuando em determinado país, a MSF cria uma base principal de apoio e coordenação, e a partir dela são lançados os projetos: hospitais, clínicas, campanhas de vacinação etc. Na RDC, a coordenação é em Kinshasa, que fica no oeste do país, e existe uma base de apoio em Goma, no extremo leste, a mais de 1.500 quilômetros de distância. Como o transporte terrestre é extremamente precário no país, Denylson fazia a viagem entre as duas cidades num pequeno avião compartilhado pela MSF e o Comitê Internacional da Cruz Vermelha. Uma das suas recompensas quando estava em Goma era a vista do Lago Kivu, um dos maiores e mais bonitos da África.

A base em Kinshasa passou a ser a referência de casa de Denylson. Lá eram feitos os grandes contratos de compra e as importações que vinham do centro operacional da MSF em Bruxelas. Por exigência do trabalho de regularização desses processos de compra e de celebração de contratos com os fornecedores locais, ele viajava tanto para Goma quanto para a região de Bili, na província do Equador, no noroeste do país, um pouco mais perto da capital. Os projetos de saúde da MSF em cidades menores ou pequenas vilas do interior se abastecem nessas duas cidades.

A MSF procura dar aos expatriados e aos funcionários locais o máximo de conforto e segurança, porém sempre respeitando a simplicidade e evitando qualquer tipo de ostentação. Nunca, em nenhum lugar, é usada segurança armada ou a proteção de algum grupo ou etnia local, o que permite ao pessoal da MSF transmitir às pessoas que atende a confiança de que vai trabalhar com neutralidade e imparcialidade.

Logo no seu primeiro fim de semana em Kinshasa, houve uma grande manifestação de oposição ao governo e a reação dos militares contra os manifestantes foi muito violenta, e terminou com mortos e feridos. Grande parte dos feridos foi atendida pela MSF. Os profissionais da organização passaram o final de semana com a movimentação restrita e orientados a estarem preparados para uma retirada de emergência. Toda a base da MSF tem um plano de evacuação preparado com antecedência e, em alguns casos, casas com quartos de segurança com comunicação e isoladas do exterior, onde é possível ficar trancado por alguns dias aguardando socorro em casos mais extremos.

Durante 32 anos, de 1965 a 1997, a RDC foi governada por Mobuto Sese Seko, tido como um dos ditadores mais corruptos do mundo. Depois da queda de Mobuto, o país passou por um conflito em que se envolveram vários governos vizinhos. Em cinco anos, estima-se que 3 milhões de pessoas tenham morrido como consequência desses conflitos. É um número alarmante. Ainda hoje, grupos armados continuam ativos, e disputam o controle da exploração de minérios – a RDC é rica em jazidas de cobre, cobalto e coltan, de onde se extrai o nióbio e o tântalo, usados na fabricação de produtos eletrônicos. Além disso, no relatório anual de Percepção da Corrupção, publicado em 2015 pela organização *Transparência Internacional*, a RDC aparece nas piores colocações, na posição 148 de um total de 168 países. A título comparativo, o Brasil ficou na posição 77. Assim, faltam recursos para a saúde e para a educação, apenas para citar dois exemplos. E a solução não é se "proteger" da violência criando barreiras físicas, como cercas e portões modernos, carros blindados. É uma conta que não fecha.

A organização tem alcance mundial e zela por seus princípios de independência e imparcialidade ao não receber ajuda de governos envolvidos em conflitos armados ou violações do direito internacional humanitário, partidos políticos nem entidades de classe. Mais de 92% do orçamento da MSF vem de doações privadas. Dessas doações, 85% são de pessoas físicas, a grande maioria indivíduos que doam pequenas quantias mensais, e o restante de empresas. A MSF, no entanto, não aceita doações de companhias dos setores farmacêutico, extrativista, de tabaco e de armas, que poderiam representar um conflito de interesses para suas atividades médicas. A excelência na gestão dos recursos permite promover saúde, seja criando mais um hospital temporário, realizando uma cirurgia complexa – como foi feito na Jordânia para tratar os feridos sírios da guerra – ou mais uma campanha de vacinação.

"Trabalhar na MSF com certeza tem um impacto grande na vida de qualquer um. Saber que você ajudou a vacinar 17 mil pessoas contra a febre amarela é maravilhoso. É praticamente impossível não ver a vida de uma maneira diferente depois de passar por essa experiência" – disse Denylson. Ele passou a acreditar mais no ser humano na primeira vez que viu profissionais da MSF felizes e empolgados porque iriam para uma aldeia no interior da África, onde não havia praticamente nenhum recurso e onde casos de cólera, febre amarela, malária e febre hemorrágica haviam sido detectados – além desses riscos à saúde, ainda havia o risco à própria integridade física dos profissionais. Mas isso não foi suficiente para demovê-los da ideia de estar lá para ajudar a quem precisa.

Os contrastes entre a vida que Denylson levava no Brasil e a vida na RDC são muito grandes. A experiência o fez repensar suas atitudes diante dos fatos e sua postura no que diz respeito aos relacionamentos com outras pessoas. O fez descobrir o que muita gente está fazendo também pelos outros. Ao sair de sua zona de conforto, Denylson pôde comprovar que a humanidade não está perdida e que cada um de nós pode fazer a diferença no mundo.

25 Meu Copo Eco

Nosso consumo gera lixo. Nosso consumo exacerbado gera muito lixo. Para onde vai todo o lixo que produzimos? Como todo esse lixo é processado? Até quando o planeta suportará tanta produção de lixo e resíduos? Há um limite? São muitas perguntas e poucas respostas.

Um alerta do Programa da ONU para o Meio Ambiente – Pnuma, recomenda que os governos do mundo inteiro devem tomar medidas urgentes para tratar o lixo produzido em todo o planeta. Mais do que um problema unicamente de meio ambiente, é também um problema de saúde pública. Segundo dados do Pnuma, todo ano mais de 1 bilhão de toneladas de resíduos sólidos é produzido em todo mundo. Segundo as projeções, e se nada for feito no curto prazo, a quantidade de lixo deve mais que dobrar até 2025, chegando a 2,2 bilhões de toneladas. É um crescimento exponencial. A situação é ainda mais crítica nos países mais pobres, onde o volume de coleta de lixo é muito baixo.

Segundo a ONU, é o preço do sistema de coleta e de reaproveitamento de lixo que não favorece. A coleta e a reciclagem do lixo são alguns dos serviços públicos mais caros em todo o mundo. No Brasil, boa parte do lixo produzido ainda termina em locais inadequados. Nos últimos dez anos, a população do Brasil aumentou quase 10%, mas o volume de lixo produzido cresceu pouco mais do que o dobro disso. Segundo dados da Abrelpe, a Associação Brasileira de Empresas de Limpeza Pública e Resíduos

Especiais, em 2014 foram descartados 24 milhões de toneladas de lixo em lugares inadequados, o que seria suficiente para encher 168 estádios de futebol do tamanho do Maracanã.

A Política Nacional de Resíduos Sólidos determina que os lixões deveriam ter sido erradicados e substituídos por aterros sanitários até o fim de 2014. Mas ainda existem lixões no Brasil. Um deles, a 15 quilômetros da residência oficial da Presidência da República em Brasília. Criado na década de 1960 – junto com a inauguração da cidade – o lixão de Brasília tem seis quilômetros de extensão, sendo considerado o maior da América Latina. Em julho de 2015, nosso Senado aprovou a prorrogação do prazo para extinguir esses lixões: entre 2018 e 2021, dependendo do município. É prorrogar a solução de um problema que já deveria ter sido resolvido há muito tempo. As cidades tinham um prazo de quatro anos para isso, mas pouco foi feito. Prorrogar, como sabemos, não resolve.

O Brasil produz cerca de 228,4 mil toneladas de lixo por dia, segundo a última pesquisa de saneamento básico consolidada pelo IBGE, em 2000 (o volume é ainda maior considerando que já se passaram muitos anos desde a última pesquisa divulgada). O chamado lixo domiciliar equivale a pouco mais da metade desse volume, ou seja, 125 mil toneladas diárias. Do total de resíduos descartados em residências e indústrias, apenas 4.300 toneladas, ou cerca de 3% do total, são destinadas à coleta seletiva, que tem um papel muito importante para a construção de um meio ambiente mais sustentável. Por meio da coleta seletiva, recuperam-se matérias-primas que seriam novamente extraídas da natureza. A ameaça de exaustão dos recursos naturais não renováveis revela a urgência na disseminação da coleta seletiva no país.

No Brasil, o descarte do lixo é um problema cultural e de educação, que está melhorando, mas muito lentamente. Faltam políticas públicas que estimulem a coleta seletiva, por exemplo. Mesmo que alguns edifícios públicos e empresas estimulem a coleta seletiva, o indivíduo muitas vezes utiliza qualquer lixeira para descartar seu lixo e quando utiliza o compartimento correto, na retirada do lixo, o mesmo acaba sendo todo misturado pelas empresas públicas de coleta. Enquanto isso, tem gente pensando em reduzir a quantidade de lixo produzida no planeta, sem que isso dependa de uma ação direta do poder público.

Em novembro de 2016, estive no evento ColaborAmerica no centro do Rio, com as Bonecas de Propósito. Para beber qualquer tipo de líquido, não existiam copos plásticos descartáveis. Era preciso adquirir um copo colorido de plástico resistente ao custo de R$ 5, que era pago a título de caução. Para reaver o dinheiro, bastava devolver o copo a qualquer momento. Num dos intervalos, estava no jardim quando fui abordado pela Larissa: "Você lembra de mim?" Demorei alguns segundos até que lembrasse efetivamente quem ela era, mas Larissa me ajudou falando o nome de uma amiga em comum. Engatamos uma conversa e ela disse por que estava no evento: "Esse copo que você tem em mãos é produzido pela minha empresa." Larissa forneceu todos os copos da edição do ColaborAmerica em 2016.

Registro do encontro com Larissa no ColaborAmerica, em 2016.
Crédito da foto: arquivo pessoal do autor.

Larissa Kroeff é do sul do Brasil e foi criada numa fazenda, em meio à natureza. Em determinado momento de vida, quando saía da adolescência, se viu herdando o agronegócio dos pais quase naturalmente. Mas seus pais a deixaram livre para sonhar e seguir o seu próprio caminho. Da Faculdade de Turismo no Rio Grande do Sul, foi fazer mestrado na França em Eventos Sustentáveis. Em suas andanças pela Europa, ela conheceu na Alemanha o conceito de copos plásticos que não eram descartados logo após o uso. A ideia surgiu por lá em 1984. Mas não são copos plásticos normais: são de polipropileno, sem bisfenol A e de excelente resistência térmica. Em 2011, Larissa trouxe a ideia dos copos reutilizáveis para o Brasil com o objetivo reduzir o lixo produzido nos eventos brasileiros e contribuir para uma nova cultura de consumo. Assim, nasceu a *Meu Copo Eco*.

Logo do projeto: Desenvolvendo consciência ambiental na utilização de copos.

O bisfenol A (BPA) é um composto químico que pode ser encontrado em plásticos que apresentam em sua composição o policarbonato e em revestimentos internos de latas que armazenam alimentos – praticamente todas as latas de alumínio vendidas no Brasil têm BPA, incluindo latas de refrigerantes, cervejas e sucos. Produtos com BPA estão por toda parte, mas são nos utensílios de cozinha, em especial os infantis, como mamadeiras e copos, sobre os quais reside a maior preocupação dos médicos. Aqueles copinhos plásticos descartáveis de água e de café também contêm BPA. É a ingestão desse composto químico pelo contato com alimentos que preocupa. Estima-se que cerca de 90% das pessoas tenham BPA no organismo.

A Agência Nacional de Vigilância Sanitária (Anvisa) proibiu a comercialização de mamadeiras com a presença de BPA a partir de janeiro de 2012. Há um movimento internacional de alerta aos danos que essa substância pode causar nos humanos. Diversos estudos científicos realizados em vários países pelo mundo apon-

UMA MARATONA DE SONHOS REAIS

tam alterações no sistema endócrino e reprodutor, e até alguns tipos de câncer. Canadá, China, Estados Unidos e muitos países da Europa também já tomaram medidas para restringir o uso da substância.

Segundo informações divulgadas no *site* da Sociedade Brasileira de Endocrinologia e Metabologia do Estado de São Paulo (SBEM-SP), alguns dos efeitos do BPA são os de alterar a ação dos hormônios da tireoide e a liberação de insulina pelo pâncreas, propiciar a proliferação das células de gordura, mesmo com doses extremamente pequenas, as quais seriam inferiores à suposta dose segura de ingestão diária.

Os propósitos do Meu Copo Eco são muito mais ambiciosos do que apenas produzir copos plásticos: eles precisam ser duráveis, de qualidade e livres de BPA. Existe um estímulo junto aos clientes para que as artes dos copos sejam atrativas; assim, as pessoas tendem a cuidar de seus copos durante todo o evento, evitando o descarte.

Os primeiros clientes da Meu Copo Eco chegaram em 2012: uma pousada, uma quermesse e uma festa universitária. Não foi tarefa fácil convencer os organizadores de eventos de que com os copos reutilizáveis era possível reduzir em até 80% do lixo gerado em uma festa. Paradoxalmente, porque há uma cultura estranha nos eventos de que o sucesso de uma festa pode ser medido pela quantidade de lixo gerado por ela. Ao longo de cinco anos, a empresa já forneceu copos para eventos em todos os Estados do país, e está presente em grandes casas noturnas de Florianópolis, Rio de Janeiro e Porto Alegre. O estádio do Engenhão, no Rio de Janeiro, também já tem os copos da Meu Copo Eco.

Segundo dados levantados pelo projeto, o Brasil consome 720 milhões de copos descartáveis todos os dias. O equivalente ao consumo médio de 3,6 copos descartáveis por dia por pessoa, segundo dados da ABLP – Associação Brasileira de Resíduos Sólidos e Limpeza Pública. Desde a sua fundação, a Meu Copo Eco já evitou o descarte de cerca de 1 bilhão de copos plásticos, que demorariam até 450 anos para se decomporem no meio ambiente.

A Meu Copo Eco não quer obrigar ninguém a adquirir os copos reutilizáveis. Ela quer que os organizadores de festas e eventos permitam que seja possível levar copos plásticos reutilizáveis de casa e ainda apliquem o conceito de caução para quem precisar de copos. Por cada copo, a Meu Copo Eco pede R$ 5, mas que pode ser reembolsado caso o cliente devolva o copo no final do evento. É uma logística reversa, uma novo modo de consumir, gerando o mínimo possível de impacto ambiental. O copo devolvido é higienizado para reutilização. Todos eles passam por uma lavagem com água em temperatura que chega a quase 100 graus Celsius, o que garante a eliminação de microrganismos que podem fazer mal à saúde. Copos "aposentados" se transformam em outras coisas fabricadas com material plástico, como bancos, pás de lixo, ou simplesmente um portacanetas. O reaproveitamento é total. Assim, a Meu Copo Eco respeita três pilares de sustentabilidade: ambiental, por evitar o descarte de copo plástico; social, por gerar uma nova cultura de consumo; e econômico, por evitar despesa tanto para o usuário de seus copos como da limpeza dos eventos em que participa.

Evento com copos da Meu Copo Eco: sem lixo no chão.
Crédito da foto: arquivo do Meu Copo Eco.

Evento sem os copos da Meu Copo Eco: muito trabalho para recolher todo lixo espalhado.
Crédito da foto: arquivo do Meu Copo Eco.

A sede da Meu Copo Eco fica em Florianópolis e já conta com uma filial no Rio de Janeiro, mais de 3 mil clientes cadastrados e 3 milhões de copos produzidos, em festas e eventos onde esteve presente. Um estudo de impacto ambiental realizado pelos ministérios do Meio Ambiente da Alemanha, da Suíça e da Áustria revela que copos reutilizáveis são 25 vezes mais ecológicos que os descartáveis, servindo como direcionador para que a empresa continue crescendo: eles avaliam a criação de duas novas filiais no Brasil e, pelos copos, querem ser agentes educadores com relação ao conceito do consumo sustentável e colaborativo, trazendo novas soluções para a proteção do meio ambiente.

Se os hábitos de consumo não mudarem com maios rapidez – nesse caso, evitando a utilização de copos plásticos descartáveis por copos plásticos duráveis – em 2050 poderá existir mais plásticos do que peixes nos oceanos. É o que revela pesquisa da Ellen MacArthur Fondation, The World Economic Forum e McKinsey

Company. Larissa, Joris e Martin – sócios no Meu Copo Eco – esperam continuar contribuindo para que os hábitos de consumo mudem e as próximas gerações ainda possam encontrar muitos peixes nos oceanos.

O meio ambiente agradece.

26 Mil Orquídeas Marginais

Os livros, muitos de história e de geografia, mostram os mais variados tipos de vegetação espalhados pelo mundo. Das florestas de coníferas das regiões mais frias do planeta, passando pelo Pantanal, no coração do Brasil, pela Mata Atlântica, que chegou a cobrir boa parte do litoral brasileiro. É tudo muito lindo nos livros, mas melhor ainda é poder conhecer cada um desses tipos de vegetação ao vivo. Infelizmente, sabemos que parte dessa vegetação mostrada nos livros já não existe mais. Desmatamentos, provocados por interesse econômico, colocaram abaixo árvores centenárias, deram lugar a plantações ou pastagens, ou simplesmente cederam ao avanço das cidades. Mas, felizmente, existem muitas iniciativas que buscam a preservação dessas vegetações. Uma delas fica em São Paulo, no coração da cidade, e se preocupa com orquídeas nas marginais em dois dos rios mais poluídos do Brasil: o Tietê e o Pinheiros.

A ideia surgiu durante pesquisas do orquidófilo Alessandro Marconi, que descobriu em livros do botânico brasileiro Frederico Carlos Hohne, que a orquídea em questão costumava ser encontrada em abundância nas margens dos rios Tietê e Pinheiros até as décadas de 1910 e 1920. Depois disso, com o crescimento da maior metrópole brasileira, elas desapareceram de lá. Com ajuda da produtora Carolina Sciotti, Alessandro criou o projeto *Mil Orquídeas Marginais*, com a missão de devolver as orquídeas a seu hábitat natural.

Logo do projeto: Florindo São Paulo!

Em outubro de 2014, quase 300 apoiadores deram, por meio de uma plataforma de financiamento coletivo, o pontapé inicial para o plantio de orquídeas da espécie *Cattleya loddigesii* nos troncos das árvores às margens dos rios.

As mudas são compradas de um produtor, que reproduz em laboratório para evitar comprar flores que possam ter sido extraídas da natureza, o que contribui para a extinção da planta. A primeira ação de plantio, realizada em dezembro de 2014, em conjunto com voluntários, deu certo. As plantas se adaptaram ao ambiente, que, apesar de ter sido bastante alterado no decorrer das últimas décadas pela poluição da água do rio e do ar, em função do intenso fluxo de veículos, permanece cheio de vida. Até o final de 2016, em mais de 20 ações de plantio realizadas, já eram 900 as mudas amarradas em árvores nativas na extensão das matas ciliares dos rios Pinheiros e Tietê – daí a razão do nome do projeto, uma vez que as pistas de veículos ao longo desses rios são conhecidas como "marginais". Muitas dessas plantas já vingaram, estão enraizadas, exibem brotos e floresceram.

Uma orquídea florida, plantada pelo projeto.
Crédito da foto: arquivo do projeto.

Muito mais do que querer "decorar" as margens dos rios, o projeto Mil Orquídeas Marginais ajuda a cuidar de nossa flora endêmica, usando orquídeas nativas como ferramenta de sensibilização ambiental e devolvendo à cidade um pouco de vida. Todos os voluntários que participaram do plantio jamais tinham pisado nas margens dos rios Tietê e Pinheiros. Estar ali fez com que percebessem que, apesar dos rios semimortos, a vida resiste bravamente e que a ação deles mudou a dinâmica de interação com a cidade. Gerou afeto e criou laços com o local.

Acompanhamento de orquídea plantada.
Crédito da foto: arquivo do projeto.

O que move as pessoas a plantarem orquídeas nas margens de rios muito poluídos na cidade de São Paulo, no meio do caos urbano? – Foi a vontade de ver a vida renascer –   Carol, umas das voluntárias do projeto. A consciência plena de que aquele lugar sujo e abandonado já foi limpo e saudável algum dia. O Mil Orquídeas Marginais quer ser agente de transformação, contribuindo com o processo de resiliência de um pequeno pedaço da Mata Atlântica. As mesmas mãos humanas, que um dia destruíram o que existia por ali, estão agora devolvendo tudo que o foi retirado.

O Mil Orquídeas Marginais já recebeu contato de mais de 20 projetos espalhados pelo Brasil, que iniciaram atividades idênticas, inspirados pela ação deles em São Paulo. Além disso, o projeto tem planos de expansão para outras regiões de São Paulo e outras cidades do país. Que esses planos possam ser colocados em prática em breve, para continuarem com o importante processo de conscientização da preservação do meio ambiente, pensando em formas inteligentes de interação do Homem com a natureza.

27 NBS Rio+Rio

Nos conhecemos ainda adolescentes, em Caxambu, cidade do Circuito das Águas no Sul de Minas Gerais, onde ambos íamos passar as férias de verão. Tínhamos alguns amigos em comum e nos encontrávamos com frequência durante as férias. Isso se repetiu por anos consecutivos. Crescemos, deixei de ir para Caxambu e fiquei anos sem encontrá-la. Ela casou, teve dois filhos, e seguiu uma brilhante carreira no mundo publicitário. Vez ou outra, eu tinha vagas notícias dela por intermédio de uma grande amiga em comum.

Determinado dia, no final em 2016, Aline Pimenta se deparou com um artigo que escrevi para o *site* DRAFT, sobre o evento de abril de 2015. Ela levou um susto. E não tinha dúvidas de que a história era sobre o moleque de Caxambu. Primeiro, pela minha foto exibida na matéria. Depois, pelo meu nome e sobrenome. Imediatamente entrou em contato com essa grande amiga em comum para confirmar o que parecia ser, segundo ela, um caso de ficção.

A partir daí, retomamos o contato. Deixamos passar o período bastante atribulado de dezembro e agendamos um almoço. Tantos anos afastados não foram suficientes para causar qualquer tipo de estranhamento. Estávamos muito à vontade. Parecia que não havíamos perdido contato. Caxambu "estava logo ali". Faltou tempo e sobrou papo.

Ela me contou da sua trajetória profissional na publicidade e em como foi parar no mundo social. Falei rapidamente da minha trajetória profissional, contei detalhes sobre o episódio da morte súbita e no redirecionamento repentino de vida que aconteceu. O bate-papo foi muito agradável, mas uma frase dela foi especial: "Em 2016, 22% da população da cidade do Rio de Janeiro ainda vive em favelas." Basta viver na cidade para perceber a quantidade de favelas que existem no Rio. Mas quando a gente se depara com um dado como esse dá vontade de fazer alguma coisa para reverter o quadro. O almoço terminou com a promessa de outros encontros e com um convite para que ela fizesse parte deste livro.

Aline teve uma trajetória profissional de 20 anos no mercado publicitário. Passou por grandes agências, como JWT, Giovanni, FCB e NBS. A maternidade despertou algo novo nela. Aline acreditou que seria uma mãe melhor se pudesse ser uma profissional melhor. A publicidade tradicional que um dia a fez feliz não era mais suficiente. Em 2011, com o apoio do marido, ela pediu desligamento da NBS. Por causa do excelente relacionamento que sempre teve com a empresa, um ano depois, foi convidada pela NBS para coordenar o início da NBS Rio+Rio, que é o primeiro negócio social de uma agência de publicidade no Brasil. Era a oportunidade perfeita para aliar o conhecimento adquirido em tantos anos em agências de publicidade com algum propósito social. Ela aceitou o convite, acreditando que isso daria mais sentido à sua vida.

Logo: Somando forças.

A ideia da NBS Rio+Rio é realizar projetos que aproximem as grandes marcas dos moradores das favelas, mas não apenas para conquistar consumidores. A proposta é, por meio dessa aproximação, promover transformação social ao mesmo tempo que gera oportunidades de negócios para as marcas. Todo lucro da operação é revertido no próprio projeto, cujo escritório está localizado no Morro Santa Marta, em Botafogo. O projeto conta com uma rede de parceiros e embaixadores nas

UMA MARATONA DE SONHOS REAIS

principais favelas das maiores cidades brasileiras, como o Coletivo Vozes, da Vila Prudente, em São Paulo, e o Lab Favela, em Salvador. O Santa Marta foi escolhido para sediar o escritório da NBS Rio+Rio por ser próximo do escritório da NBS localizado na Praia de Botafogo e por ser uma favela pacificada. Ter o escritório numa favela também mostra o desejo de estar presente no dia a dia dos seus moradores.

Aline está à frente do projeto desde seu lançamento, em 2012. Ela acredita que o futuro dos bons negócios passará obrigatoriamente pelo papel social das marcas, pensando em integração, oportunidades e sustentabilidade, em que o lucro não é o principal objetivo. Ela se sente muito motivada em poder contribuir com o reposicionamento de marcas que façam a diferença na vida das pessoas. Marcas fortes são construídas a partir de transformações positivas na vida dos consumidores. Não se trata de assistencialismo nem de filantropia: é *business* mesmo, mas sempre com um viés de inclusão e de criação de oportunidades benéficas para todos os envolvidos.

Em 2012, foi realizado um dos primeiros projetos da NBS Rio+Rio com uma marca de cosméticos e perfumes. O projeto se chamava *Beleza que Transforma*. Eles organizaram um baile de debutantes para 17 meninas moradoras do Morro da Providência, no centro do Rio de Janeiro. Para selecioná-las, foi aberto um processo de seleção que contava com uma redação e uma entrevista. As candidatas precisavam comprovar que estavam matriculadas e frequentando a escola. A festa para 200 convidados – incluindo amigos e familiares das meninas – aconteceu no Museu Histórico Nacional e elas chegaram de carruagem com vestidos do estilista Carlos Tufvesson. Nos meses que antecederam ao baile, todas participaram de cursos, encontros e palestras com profissionais que abordaram temas, como comportamento, utilização da internet e relacionamento com as famílias, incluindo terapia familiar com a presença de pais e irmãos.

207

Registro do baile de debutantes.
Créditos da foto: arquivo da NBS Rio+Rio.

Em 2013 e 2014, por intermédio de um convênio com a Faetec – Fundação de Apoio à Escola Técnica (Faetec), do Governo do Estado do Rio de Janeiro, a mesma marca desenvolveu um curso profissionalizante de maquiagem que formou 130 pessoas em quatro comunidades cariocas. Ao final do curso, os formandos tinham a possibilidade de integrar a equipe de vendas porta-a-porta da marca ou exercer, de maneira independente, um novo trabalho com o conhecimento adquirido.

Ainda em 2013, o projeto *Santa Marta We Care*, realizado em parceria com o SEBRAE, formou um grupo de 12 artesãs e costureiras no Santa Marta, com o objetivo de capacitar as moradoras para uma profissão, atender uma demanda reprimida de pequenas lembranças para turistas que visitam o morro e gerar renda.

Pouco antes do Natal de 2014, o projeto *Bom Natal* foi lançado em parceria com um *site* de venda de produtos usados pela internet. Os usuários do *site* foram convidados a doarem os produtos anunciados para venda. A doação era feita para 45 ONGs cadastradas pela NBS Rio+Rio em nove diferentes cidades do país. Para selecionar essas ONGs, foi feita uma ampla pesquisa de idoneidade das instituições, modelo de trabalho e resultados alcançados nos últimos anos.

Em 2016, o projeto *Favelagrafia* tinha o objetivo de reconhecer talentos fotográficos de favelas cariocas para retratar a realidade dos morros. Foram nove fotógrafos selecionados de nove favelas – Morro do Borel, Santa Marta, Morro da Mineira, Complexo do Alemão, Providência, Cantagalo, Babilônia, Rocinha e Morro dos Prazeres – que registraram imagens utilizando um telefone celular. As imagens produzidas viraram um livro, foram compartilhadas por meio de uma plataforma digital, um *site* e viraram uma exposição no Museu de Arte Moderna (MAM) do Rio de Janeiro. A proposta é mudar a imagem estereotipada das pessoas sobre as comunidades.

A ação da NBS Rio+Rio não se restringe apenas às iniciativas com participação direta de marcas e empresas. A Lei nº 8.213, de julho de 1991, também conhecida como Lei de Cotas, obriga empresas com mais de 100 funcionários a terem de 2% a 5% das vagas preenchidas com reabilitados ou com deficiência. Em 2016, a NBS concluiu um projeto de inclusão de reabilitados e deficien-

Foto do projeto Favelagrafia, com jovens do Morro do Turano, zona norte do Rio: "Alguns lutam com outras armas".
Crédito da foto: Anderson Valentim, morador do Morro do Borel. Anderson fez esta foto no Morro do Turano porque lá moram seus amigos músicos que fazem parte de um mesmo grupo de jazz.

tes moradores de dez favelas – entre elas Salgueiro, Santa Marta, Casa Branca, Providência, Vila Kennedy e Borel – chamado *Mapa de Nós*, para que empresas pudessem conhecer essa realidade. Não havia nenhum levantamento que identificasse esse público, o que acabou sendo o motivador para a criação desse projeto. Oito agentes de pesquisa, todos deficientes, foram contratados pela NBS e ficaram como responsáveis por coletar esses dados por intermédio de quase 1.000 deficientes entrevistados, que receberam informações sobre direitos, benefícios e projetos para deficientes. O resultado final foi um detalhado relatório sobre o tema, fornecendo o caminho para a inserção desse público no mercado de trabalho. Eles também coordenaram a criação de duas bibliotecas nos Morros Santa Marta e da Mineira, com 1.000 livros em cada. Para incentivar o hábito da leitura, as crianças do Santa Marta que devolvem os livros emprestados podem apresentar um resumo ou desenho sobre o que leram. Ao final de cada mês, as seis crianças com maior participação são levadas para passeios em pontos turísticos da cidade, como Cristo Redentor, Museu do Amanhã ou Jardim Botânico. Foi uma moradora da comunidade que procurou a sede da NBS Rio+Rio no morro para propor a ideia.

A NBS Rio+Rio não nasceu *por acaso*. Eles fizeram uma profunda imersão *in loco* antes de oficializarem o início das atividades. Durante um ano e meio, visitaram favelas pacificadas, reunindo líderes comunitários e os comandantes das UPPs. Sociólogos, antropólogos e formadores de opinião das favelas foram entrevistados. A NBS Rio+Rio nasceu do desejo de unir uma cidade partida.

Há planos de aumentar cada vez mais o número de projetos no Rio e iniciar as atividades em outras cidades pelo país, criando oportunidades e gerando benefícios tanto para as marcas envolvidas como para os moradores das favelas e comunidades.

28 Os Arteiros

O teatro surgiu na Grécia Antiga, no século VI a.C., nas festas em homenagem ao deus Dionísio, do vinho, do teatro e da fertilidade. As festas duravam dias seguidos e aconteciam uma vez por ano, na primavera, época da colheita do vinho na região. Téspis é citado por alguns historiadores como o primeiro ator da história do teatro. Durante a festa, ele colocou uma máscara enfeitada com cachos de uvas, subiu num tablado de praça pública e disse que era Dionísio. O comportamento gerou espanto nos presentes, pela ousadia de Téspis em se comparar a um deus. Pela primeira vez, alguém estava representando "o outro" e esse acontecimento pode ser considerado um marco para o teatro no mundo. Pelo teatro, o Homem pode expressar seus sentimentos e contar histórias até os dias atuais.

Num jantar na casa do meu irmão, Eduardo, e minha cunhada, Flávia, falamos sobre este livro que estava escrevendo. Ela logo falou que conhecia o Fernando, que tinha um projeto social de teatro para jovens em uma comunidade no Rio. Não por acaso, eu já tinha reservado um capítulo para falar desse mesmo projeto, mas ainda não havia desenvolvido completamente o texto. Flávia nos colocou em contato e, na mesma semana, já estava conversando com o pessoal do Os Arteiros.

Fernando, Rodrigo e Ricardo foram criados na Cidade de Deus, região pobre na zona oeste do Rio, entre a Barra da Tijuca e o início da Linha Amarela. Com uma população estimada extraoficialmente entre 80 e 100 mil pessoas, a CDD — sigla que identifica a comunidade — tem um dos indicadores sociais mais críticos da cidade: em 2010 — ano do último dado oficial disponível — ocupava a 113ª posição de um total de 126 regiões analisadas na cidade do Rio com relação ao Índice de Desenvolvimento Humano, o IDH, um importante indicador que mescla dados de expectativa de vida, educação e PIB *per capita*.

Em outubro de 2010, o diretor de teatro Fernando Barcellos, o cineasta Rodrigo Felha e alguns amigos organizaram uma festa para comemorar o Dia das Crianças na Cidade de Deus. Eles conseguiram arrecadar cerca de 3 mil brinquedos para presentear as crianças da comunidade. Apesar do sucesso do evento, Fernando terminou o dia deprimido, pois mesmo com tantos brinquedos arrecadados, houve crianças que saíram de mãos abanando. Nesse mesmo dia, ele disse para Rodrigo que não faria mais essa ação nos anos seguintes, convencido de que isso não resolveria a situação de vulnerabilidade social das crianças. O amigo, mudando de assunto, comentou: "Tenho uma ideia de fazer aula de teatro lá no Coroado para as crianças, o que você acha?" Ele se referia à quadra da escola de samba Coroado de Jacarepaguá, que fica na Cidade de Deus. Fernando estava tão abatido que não conseguiu esboçar reação alguma com a pergunta de Rodrigo. No dia seguinte, recebeu uma mensagem do amigo, dizendo que o ator Ricardo Fernandes iniciaria as aulas em breve. Ricardo tem uma tia que foi fonte de inspiração, pois fez parte, na década de 1980, do grupo teatral Raiz da Liberdade, também da Cidade de Deus. Ele diz que começou a fazer teatro quando ainda estava na escola. A paixão pelos palcos só aumentou quando ele percebeu a possibilidade de refletir e debater sobre assuntos da atualidade e polêmicos, como preconceito e racismo, no teatro. Ricardo foi fazer teatro no Retiro dos Artistas, no Teatro Iracema de Alencar e logo depois foi ter aulas de audiovisual na CUFA — a central única de favelas. Seu professor na CUFA foi Rodrigo Felha e foi assim que eles se conheceram.

Eles conseguiram juntar alguns livros e somente aqueles que participassem das aulas de teatro ganhariam um exemplar. Em apenas um mês, o grupo já contava com 60 crianças. Algumas semanas mais tarde, Fernando teve a ideia de, por meio das aulas, criar uma Companhia de Teatro com as crianças. A inspiração veio do projeto *Ser Criança*, do educador e antropólogo Tião Rocha, que ele havia conhecido um ano antes na cidade de Belo Horizonte, Minas Gerais. A proposta do Ser Criança é contribuir com a formação humana por meio de ações educativas, tendo a cultura como ferramenta de trabalho, gerando impacto positivo e modificador na vida de crianças e adolescentes. Era por esse caminho que Fernando queria seguir. Rodrigo e Ricardo também gostaram da ideia. Os três decidiram que o grupo passaria a se chamar Os Arteiros.

Começaram a ensaiar um espetáculo de sua autoria na quadra do Coroado, e uma seleção natural acabou acontecendo. Somente aqueles que gostavam muito de teatro continuaram a frequentar os assíduos ensaios, e, de 60 crianças, ficaram apenas 11. A comédia dramática "A Menina Cantora no Reino de Sofia", de autoria e direção de Fernando, foi assistida por cerca de 3 mil pessoas em apenas um ano de apresentações, todas feitas na quadra da escola de samba da comunidade. A peça deu visibilidade ao projeto que, em abril de 2011, foi convidado a se apresentar no importante Festival de Teatro de Curitiba, que acontece todos os anos desde 1992. A ida à Curitiba deu novo ânimo para o trio e para as crianças, que passaram a se sentirem respeitadas e reconhecidas pelo trabalho que desenvolviam.

No caminho para o Coroado, havia uma casa abandonada há cerca de 15 anos, onde antes havia funcionado uma creche do Estado. No início de 2012, o grupo não pode ensaiar no Coroado por conta de um ensaio de samba na quadra. Fernando, Rodrigo, Ricardo e as crianças resolveram entrar no espaço que estava abandonado, sujo, e com o piso deteriorado, sem as mínimas condições de uso. Houve um grande mutirão de limpeza, que começou a deixar o lugar com um aspecto melhor e até uma chave foi providenciada. No dia seguinte, foram convidados a se retirar por alguém da Fundação Leão XIII, alegando que o espaço era do governo e que não poderia ter sido ocupado daquela maneira. Não adiantou argumentar que o espaço sujo e abandonado seria usado para fins socioculturais: a chave precisou ser mesmo devolvida. Mas não sem antes terem feito uma cópia. Quando o senhor que respondia pela Fundação Leão XIII deixava a região por volta das 16 horas, o grupo entrava às 18 horas para ensaiar. Certo dia, ele descobriu o que estava acontecendo e disse que chamaria a polícia. Uma semana depois, chegou a notícia de que o tal senhor da Fundação Leão XIII havia morrido. A essa altura, alguns grupos políticos da Cidade de Deus, candidatos a vereador e pastores também queriam utilizar o espaço, mas Os Arteiros resistiam, continuando a utilizar o espaço com a chave reserva. Até que o trio resolveu escrever um *e-mail* diretamente para o governador do Estado relatando a situação e pedindo autorização formal para ocupar o espaço. A resposta veio, cedendo oficialmente a casa, que passou a se chamar Espaço Cultural Arteiros.

Com a posse oficial do espaço, era o momento de transformá-lo num local mais adequado para as atividades. Não havia um portão seguro – a porta chegou a ser arrombada algumas vezes e aconteceram roubos de materiais – e o piso era inadequado. Mas faltava dinheiro para realizar uma merecida reforma. Num fim de semana de 2012, Fernando andava no *shopping* quando cruzou com uma amiga que não encontrava há muitos anos. Ela estava morando nos Estados Unidos, atuava como empresária do ramo de entretenimento e levava uma vida financeiramente confortável. Durante um café, ele contou toda a história do Os Arteiros até então, enfatizando a necessidade urgente de uma obra estrutural no espaço recém-obtido. O café terminou com a amiga assinando um cheque que custeou toda a obra.

Os Arteiros utilizam o teatro como instrumento para levar educação a crianças e adolescentes, para despertar em cada um a consciência de que podem ser agentes de transformação de suas próprias vidas. Existem condições básicas para ingressar no projeto: estar matriculado, frequentando a escola e apresentar bons resultados.

O espaço antes e depois da chegada do Os Arteiros.
Créditos das fotos: arquivo do projeto.

Logo do projeto.

Pelo diálogo com os jovens da comunidade, o trio de gestores entende as demandas, os anseios e os sonhos deles para construírem os espetáculos de forma a respeitarem a cultura e os hábitos locais. Eles colocam 50 jovens entre 7 e 18 anos, todos moradores da comunidade, para colocar a mão na massa – literalmente – ajudando na divulgação dos espetáculos, fazendo maquiagem nos colegas, cuidando da iluminação e da limpeza do espaço, onde ensaiam e fazem as apresentações. – A ideia é criar uma sensação de pertencimento. Tudo que fazemos aqui tem uma razão. Eles precisam entender que o produto final é a soma individual dos esforços – diz Fernando. Eles acreditam que o projeto funciona como um começo, uma semente plantada. O próprio jovem decide como seguir em frente na sua caminhada, que pode ser no teatro, em alguma outra manifestação artística ou ainda outro caminho desejado. Independentemente do caminho escolhido, os Arteiros trabalham a autoestima, orientam os jovens, tendo sempre a ética como elemento norteador. – Não somos uma escola para formar necessariamente atores de teatro. Formamos cidadãos" – termina Rodrigo.

Além de Curitiba, Os Arteiros já foram se apresentar em diversos teatros pela cidade do Rio de Janeiro, como O Tablado, Espaço Tom Jobim, no Jardim Botânico, Teatro Dulcina, Arena Jovelina Pérola Negra, Teatro Maria Clara Machado e Galpão Gamboa. Fora do Rio, já se apresentaram em São Paulo e fizeram uma turnê de 15 dias na Alemanha, com uma série de apresentações de uma adaptação livre de Shakespeare. Emily é uma das meninas atendidas pelo projeto e que chegou atraída pelo fato de que quem procurasse o projeto ganharia um brinquedo. Ela ganhou o brinquedo e também uma paixão. Acabou descobrindo que pelo teatro ela desenvolve a criatividade e a memória.

O projeto impacta os jovens e suas respectivas famílias. Muitos dos pais nunca haviam pisado num teatro antes. Ao fazer um projeto de teatro na Cidade de Deus para os próprios moradores da região, há uma clara democratização no acesso à cultura. As crianças e os adolescentes ficam mais sociáveis, mais amorosos e menos arredios. Além do teatro, podem ter aulas de idiomas, teclado, canto e ioga. Juliana é uma adolescente que fazia parte do grupo, mas tinha um comportamento inadequado, arredio, faltava as aulas e havia relatos de que tinha um péssimo relacionamento com a mãe. Certo dia, Os Arteiros tomaram conhecimento de que ela havia sido expulsa da escola. Desrespeitando a condição básica para fazer parte do grupo, ela teve que deixar Os Arteiros.

Cenas do premiado espetáculo "O que será de nós daqui a quatro anos?", promovido pelo Os Arteiros, em 2014. O espetáculo conta a história de crianças órfãs à espera de uma família para adoção.
Créditos da foto: arquivo do projeto.

Ficou um ano afastada. Quando estava novamente matriculada na escola, ela procurou Os Arteiros e voltou a frequentar as atividades. Era uma "nova" Juliana que retornava à antiga casa. Ela conta que, durante o ano que esteve afastada, sentiu muita falta das orientações e do suporte que recebia do grupo. – Dei valor só quando perdi. Vi o quanto me comportava de maneira indevida. Revi meus valores e mudei para melhor. Meu lugar é aqui – diz ela.

Atividade de pintura desenvolvida com jovens da comunidade.
Créditos da foto: arquivo do projeto.

Giovana começou a fazer teatro aos 9 anos na CUFA e teve aulas com Ricardo Fernandes. Foi ele quem falou sobre Os Arteiros para ela. Aos 15, Giovana ingressava no grupo, onde ficou até os 17 anos. "Não cresci apenas como atriz fazendo parte do Os Arteiros: cresci como ser humano. Nós formamos uma família de verdade. Não foi fácil para ela deixar Os Arteiros, mas ela sabe que para crescer ainda mais, precisa viver outras experiências. Atualmente, aos 19 anos, ela cursa faculdade de artes cênicas na Casa das Artes de Laranjeiras (CAL), no Rio de Janeiro.

Fernando, Rodrigo e Ricardo sonham com um prédio mais bem equipado, com teatro, iluminação, som, anfiteatro e sala multimídia, para melhor atender os jovens. Em junho de 2017, eles deram início a um pré-vestibular. As aulas acontecem de segunda a sábado e 30 alunos estão sendo beneficiados. "Educação e cultura precisam andar lado a lado. Queremos que a passagem deles pelo Os Arteiros seja importante para chegarem onde desejam chegar. O céu é o limite."

Registro de uma aula do pré-vestibular iniciado em junho de 2017.
Créditos da foto: arquivo do projeto.

Fernando já conheceu 19 países por intermédio do teatro e da arte e deseja que os jovens que participam do projeto entendam que eles também podem, se assim desejarem. Esse trio está ampliando o olhar desses jovens sobre o mundo, contribuindo para a estabilidade emocional e social deles, e mostrando que os sonhos de todos podem – e devem – ser realizados.

29 Papel Semente

Os egípcios inventaram o papiro por volta de 3.000 a.C. A origem da palavra, inclusive, vem do latim *papyrus* por causa de uma planta chamada papiro, que cresce às margens do Rio Nilo, no Egito. Era dessa planta que se extraíam as fibras para fabricarem o papiro. Depois disso, o couro curtido dos bovinos foi utilizado para fabricação de pergaminhos, bem mais resistentes que o papiro. O papel que conhecemos hoje teria sido inventado na China, no ano 105 (d.C). Era uma mistura umedecida de casca de amoreira, cânhamo, restos de roupas e alguns outros produtos que continham fibras vegetais. Tudo era triturado até ficar com uma consistência pastosa, que posteriormente era peneirado e se obtinha uma fina camada de pasta que, exposta ao Sol, secava. Depois da pasta seca, nascia uma folha de papel. Essa receita foi guardada em segredo durante muitos anos, pois o comércio do papel era muito lucrativo. Cerca de 500 anos mais tarde, os japoneses conheceram o papel por causa de monges budistas coreanos que estiveram no Japão. Ao longo dos séculos, com a descoberta da celulose de origem vegetal, a fabricação do papel foi sendo aprimorada e democratizada. Hoje, há inúmeras variedades de papel, com cores, texturas e resistências diferentes.

Para produzir uma tonelada do papel tradicional que conhecemos são necessárias, em média, 24 árvores adultas. Com a evolução do tempo, o Homem descobriu duas espécies de árvores que podem ser cultivadas e que têm o crescimento rápido: o *pinus*

221

e o eucalipto. Isso ajudou a reduzir o desmatamento de florestas nativas, a partir do plantio e corte de florestas completamente planejadas. Mas é possível produzir um tipo de papel sem derrubar uma única árvore, pela reciclagem de resíduos sólidos.

Foi num café da manhã para mulheres empreendedoras organizado na sede da CUFA – Central Única de Favelas, embaixo do viaduto de Madureira, no Rio, no final de 2016, que eu conheci Andréa Carvalho. Uma manhã dedicada às mulheres, mas eu estava lá como ouvinte e entusiasta, bem discretamente, para vibrar e aplaudi-las. Foram inúmeros relatos de iniciativas e projetos de sucesso idealizados e tocados por elas.

Era o ano de 2000. Em função de uma depressão, Andréa, que morava em Atibaia, no Estado de São Paulo, procurou um modo de ocupar o seu tempo. Por convite de uma amiga, que coordenava uma oficina de papel reciclado num projeto chamado *Curumim*, Andréa chegou como voluntária. Esse projeto atendia uma comunidade que vivia num lixão da cidade, com foco nas crianças em situação de risco social. Era um projeto educacional com orientações de higiene, oficinas de música e de reciclagem de papel, entre outras. Uma das iniciativas do projeto se chamava "Ciclo Reciclar". Nessa iniciativa, ela ficou responsável por coordenar capacitações para professores da rede pública de ensino abordando questões relacionadas com o tratamento dos resíduos sólidos divididos em quatro categorias: papel, lata, vidro e plástico. Os professores capacitados eram os responsáveis por aplicar nas salas de aula com os alunos tudo o que haviam aprendido. Junto à rede particular de ensino, havia uma campanha específica para a doação de cadernos usados, para que, em vez do simples descarte, eles fossem reutilizados no processo de confecção de papel reciclado. Andrea se tornou coordenadora de projetos socioambientais e acompanhava a eficácia da iniciativa com ações e relatórios de monitoramento. Era o pontapé inicial para algo que aconteceria anos mais tarde.

Em 2008, seu filho, com 16 anos, veio morar sozinho no Rio de Janeiro. E numa determinada noite, ela teve um sonho enquanto dormia. Andrea sonhou com o pátio de uma chácara e ela acreditava que isso seria algum negócio que se envolveria relacionado com comida. No dia seguinte, bateram na porta da chácara onde ela morava. Era gente interessada em comprar a propriedade. Andrea resolveu então se desfazer de tudo que tinha em Atibaia e também se mudou para o Rio. Negociou e vendeu tudo o que tinha – não só a propriedade, mas todos os móveis e objetos – com o propósito de recomeçar na nova cidade. Já no Rio, ela visitou um terreno que existia em Guaxindiba, na região de São Gonçalo, que pertencia ao avô de seu filho. De imediato, ela se lembrou do sonho. "Foi com esse espaço que eu sonhei", pensou. Mas o negócio não seria de alimentação, como ela havia imaginado de início. Os testes que ela estava fazendo com papel reciclado encontrariam ali sua morada.

A obra no espaço foi matéria no jornal local *O São Gonçalo*, o que acabou chamando a atenção dos moradores da região. Andrea começou a receber muitos currículos na obra, de gente interessada em arrumar um emprego, sem mesmo saber sobre o que se tratava o empreendimento. Ela pesquisou se existia alguma cooperativa de catadores de lixo na região, já pensando na matéria-prima do papel que idealizava. Andrea descobriu a ONG Guardiões do Mar, em que um dos projetos é o *ReCooperar* – cooperativa de catadores de resíduos sólidos, agendou uma visita e firmou uma parceria.

Com a obra finalizada, a *Papel Semente* foi fundada em maio de 2009, produzindo um papel artesanal e ecológico que recebe sementes de plantas durante seu processo de fabricação. A escolha do nome representa exatamente o nome do produto que produz.

A Papel Semente acredita na redução da pobreza, na reconstrução de comunidades e na preservação do meio ambiente. Todos os currículos recebidos não foram em vão: hoje, todos os empregados da empresa são moradores da região. A missão da Papel Semente é desenvolver produtos sem agressão ao meio ambiente, com responsabilidade social e que incentivem e despertem na sociedade a ideia do consumo consciente. A maior comprovação disso é que o papel produzido é feito 100% com lixo, fornecido pelas cooperativas de catadores de São Gonçalo e Itaboraí.

Andrea é categórica ao afirmar que o quilo da matéria-prima é pago de acordo com os valores de mercado. "Não há nenhum tipo de negociação para nos favorecer."

Logo da Papel Semente: incentivando o reaproveitamento de materiais.

Os clientes da Papel Semente, depois da utilização primária do papel de comunicação, podem "plantá-lo" para que dali germinem flores, verduras e temperos para saladas ou ervas medicinais para chás. São convites de casamento, crachás, *folders*, embalagens, etiquetas para roupas, *flyers*, todos germináveis. Hoje, dos papéis podem brotar agrião, cravinho francês, manjericão, rúcula, salsinha, papoula, cenoura, tomate, almeirão, mostarda e margarida gigante branca. É a reutilização completa dos recursos.

Andrea acaba de idealizar um projeto de horta comunitária para atender os moradores da região. Como no terreno da empresa há espaço para isso, ela pretende colocar essa ideia em prática em breve, contribuindo ainda mais para o desenvolvimento sustentável da região onde tem o seu negócio. "Uma flor a mais

Mudas que nascem a partir do papel.
Crédito da foto: arquivo da Papel Semente.

Depois de cumprir sua função, o papel germina.
Crédito da foto: arquivo da Papel Semente.

O que foi papel um dia, vira flor.
Crédito da foto: arquivo da Papel Semente.

no quintal da sua casa é uma flor a mais no planeta. Que tudo floresça na vida!" – finaliza ela. Andrea está plantando muitas flores, que já estão florescendo.

Que todos possam cultivar flores no quintal de casa.

30 Pernas, pra Que te Quero!

A prática da corrida tem registros na pré-história, quando os homens precisavam fugir de predadores ou correr atrás de suas presas para alimentação. A mais famosa delas teria sido aquela que aconteceu em 490 a.C., quando um homem chamado Pheidíppides (ou Fidípides) teria tido a tarefa de levar da cidade de Maratona até Atenas a notícia de que os gregos tinham vencido os persas na batalha de Maratona. Ele teria percorrido a distância aproximada de 40 quilômetros entre as duas cidades. Foi o que deu origem à prova olímpica da maratona, que aconteceu pela primeira vez nos jogos modernos de 1896 em Atenas. Poucos anos depois, em 1908, nos Jogos Olímpicos de Londres, o percurso de 40 quilômetros da maratona foi alterado, apenas para que a família real britânica pudesse assistir a prova do Castelo de Windsor. Ao checarem a distância da prova com uma roda de medição e um pedômetro, foi verificado que a distância total havia sido alterada para 42,195 quilômetros, a distância oficial de uma maratona que conhecemos atualmente.

Para correr de maneira confortável e segura, independentemente do ritmo e da distância, é preciso um par de tênis – embora ainda existam pessoas que corram descalças. De tênis ou sem tênis, são principalmente os pés que permitem que a corrida aconteça. Mas para aqueles que não podem contar com os pés para correr, o *Pernas, pra Que te Quero!* encontrou uma solução.

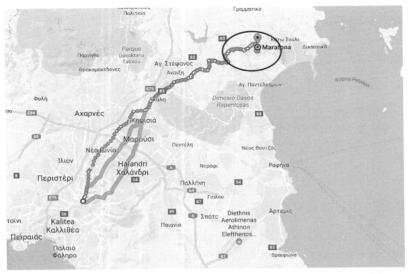

A distância de 40 quilômetros que teria sido percorrida por Fidípides, e que teria originado a prova de maratona.

Foi durante um encontro de capacitação do Instituto Legado em Curitiba que conversei com a Rebeca Kuperstein, diretora desse projeto de corrida de rua para crianças e adultos em cadeiras de rodas, conduzidos por corredores voluntários que se revezam entre si. O *Pernas, pra Que te Quero!* é uma ação de inclusão social pelo esporte.

A inspiração para a criação do *Pernas, pra Que te Quero!* surgiu a partir do convite para correr com uma criança em cadeira de rodas e da história da geógrafa mineira Karolina Cordeiro e de seu filho Pedro. Quando ele tinha apenas 10 meses de vida, ela descobriu que ele tinha uma doença muito rara chamada síndrome de Aicardi-Goutiéres – com menos de 100 casos diagnosticados no mundo – que o impede de andar e falar, mesmo que seu lado

Logo do projeto.

cognitivo esteja preservado. Os médicos deram dois anos de vida para Pedro, justamente quando ele ainda tinha 2 anos de idade. Em 2012, Karoline começou a participar de corridas de rua com Pedro, empurrando o filho em uma cadeira de rodas adaptada. Em 2017, Pedro completou 11 anos, contrariando todas as previsões médicas.

Registros de corridas do *Pernas, pra Que te Quero!*: correndo com o coração.
Fotos: arquivo do projeto.

A primeira edição de uma corrida organizada pelo Pernas, pra Que te Quero! foi realizada em Curitiba em junho de 2015 durante a 2ª etapa do Circuito Infantil de Corridas de Rua de Curitiba e contou com a participação de 24 crianças da Escola Nabil Tacla, mantida pela Associação Paranaense de Reabilitação (APR). Foram 135 voluntários que se revezaram para correr junto com as crianças cadeirantes. Antes da largada oficial, houve um treino no parque da cidade para que as cadeiras de rodas adaptadas fossem testadas e para que os participantes pudessem se conhecer. Todas as cadeiras de rodas utilizadas da corrida recebem um dispositivo portátil, que é um sistema de encaixe com uma terceira roda e uma manopla, para maior segurança e estabilidade.

Mais do que inclusão social de pessoas com mobilidade reduzida, o projeto procura desenvolver um esporte menos competitivo e mais participativo. O importante não é reduzir o tempo de conclusão da prova, mas permitir que quem não poderia correr sozinho possa participar de uma maneira divertida, e proporcionar alegria e espírito de pertencimento.

Até junho de 2017, sete corridas já contaram com a participação do Pernas, pra Que te Quero!. Muitos dos 450 voluntários que já correram junto com um dos 120 cadeirantes afirmam que jamais utilizarão uma vaga reservada para cadeirantes em estacionamentos – nem permitirão que outros que não sejam cadeirantes o façam. – Isso é educação, é transformação social – diz Rebeca Kuperstein, diretora da organização. Há planos para expandir as ações para corridas em outras cidades do Paraná. "Queremos mais pessoas sentindo o vento na cara, o sorriso no rosto e a sensação de liberdade."

31 Pipa Social

As Bonecas de Propósito recebem algumas doações de tecidos, mas muitos não são apropriados para a confecção das bonecas e bonecos terapêuticos, que utilizam apenas tecidos com 100% de algodão com estampas pequenas, lisos ou pequenas listras. São tecidos com estampas grandes, muito grossos, *lycra*, jeans e com outras texturas e composições que não podem ser aproveitados. Muitas dessas doações são então redirecionadas para uma iniciativa chamada *Pipa Social*.

Ela é formada em Comunicação Social e lutou contra a ditadura militar de 20 anos no Brasil, entre 1964 e 1984, buscando os caminhos que pudessem levar o país a um cenário com menos desigualdades sociais. A jornalista Helena Rocha sabia que, mesmo tendo os direitos readquiridos com a volta da democracia, ainda havia muito a ser feito. Nos anos 80, ela trabalhou como repórter em São Paulo, atuando com o cenário político nacional e fatos do cotidiano. Cada vez que precisava cobrir histórias do povo, envolvendo tragédias de enchentes, perda de casas e miséria, ela ficava pensando em como podia ajudar a resolver esses problemas, visto que eram problemas ligados à pobreza e, consequentemente, à falta de atuação efetiva do poder público. Em 1987, se mudou para o Rio de Janeiro com seus dois filhos e logo depois deixou o jornalismo, mas continuou a trabalhar na área de comunicação com roteiros, direção de programas de TV e promoção de projetos culturais. Foi então que, em 1994, ela conheceu o Betinho

– Herbert de Souza – que fundou no país a Ação da Cidadania contra a Fome e a Miséria pela Vida. "Ele foi e continua sendo a minha grande fonte de inspiração para o trabalho no terceiro setor." Logo depois de conhecer Betinho, Helena começa a fazer trabalho voluntário no projeto *Renascer* (atualmente Saúde Criança), instituição ligada ao Hospital da Lagoa. Utilizou seus conhecimentos de jornalismo criando ações de divulgação do projeto para arrecadação de recursos e para criação de um coral de crianças. Em 2002, ela foi trabalhar numa agência de publicidade, voltada para planejamento estratégico de comunicação, com a missão de despertar nos clientes a importância de terem uma área de responsabilidade social, onde ficou até 2004, quando foi então passar sete meses na Inglaterra. Durante a temporada na Inglaterra, Helena trabalhou como voluntária numa organização que acolhia refugiados, verificando documentação, mapeando de onde estavam vindo e observando as condições de saúde para encaminhamento. Ela diz que nunca vai esquecer a expressão marcante de desalento no rosto deles. A experiência foi mais um incentivo para que o terceiro setor fosse a certeza do caminho a ser trilhado: nesse trabalho, Helena conta que viu muita gente se mobilizando para ajudar o próximo. Quando retornou ao Brasil, não via mais sentido em permanecer na agência de publicidade e, em 2005, foi contratada para trabalhar na ONG Refazer, ligada ao Hospital Fernandes Figueira, onde montou a área de comunicação como ferramenta de divulgação para captação de recursos. Ela tomou conhecimento de histórias de mães que acompanhavam os filhos com doenças graves em tratamento nos hospitais – não é raro que mães de crianças com doenças graves sejam abandonadas pelos maridos ou companheiros e precisem largar seus empregos para dar o suporte necessário a seus filhos – e pensou em uma maneira de capacitar essas mães a fazerem artesanato para gerar renda. Ao reencontrar algumas mulheres depois de um ano do final da capacitação, Helena percebeu que elas não estavam conseguindo gerar renda com o que tinham aprendido. Ela percebeu que, apesar do talento, essas mulheres não conseguiram se inserir no mercado e voltaram a fazer bicos para ganhar algum dinheiro. Helena queria ajudá-las a reverter esse quadro e começou a pensar em algo que não fosse somente inserção no mercado, mas sim *criação* de um mercado próprio, pela qualificação profissional. – É uma ampliação do olhar para além da capacitação – resume Helena. Em 2009, ela passou outros sete meses fora do país, desta vez em Paris. Esse período serviu para que Helena pesquisasse sobre organizações sociais que deram certo. A pesquisa foi uma espécie de "cereja do bolo" para que ela começasse a idealizar o seu próprio negócio social. Quando voltou de Paris, ainda desenvolveu no Banco da Providência um projeto similar ao da ONG Refazer. Mas Helena continuava inquieta pois sabia que podia – e queria – fazer muito mais.

Em novembro de 2011, a Pipa Social foi fundada oficialmente, mas começou a funcionar somente nove meses depois – quando um espaço físico foi encontrado para montar o ateliê – com mulheres da comunidade Santa Marta, em Botafogo. É uma organização voltada para pessoas que moram em comunidades de baixa renda, com o objetivo de qualificação, geração de renda e inclusão social por meio um polo de criação coletiva, envolvendo artesanato e moda. A Pipa não ensina ninguém a fazer artesanato: ela permite que artesãs possam estar em contato com grandes nomes do *design* e da moda para quem quer viver da própria arte e não consegue. A partir do momento que essas pessoas começam a empreender, ganham dinheiro, fortalecem suas famílias e também a comunidade onde vivem, promovendo a real transformação social.

Logo do projeto.

A ideia da logomarca surgiu em uma conversa com Roger Bauk, amigo de Helena. Ela queria algo que representasse as comunidades da cidade do Rio de Janeiro – quem nunca viu uma pipa colorida voando pelos céus de um morro carioca? – e que representasse vida, alegria e voos altos. E, assim, ele criou a pipa, que representa a organização.

Em dezembro de 2012, a Pipa Social lançou oficialmente sua primeira coleção. Nesse primeiro ano das atividades da Pipa Social, Helena recebeu o diagnóstico de um câncer, em maio de 2013. A gigantesca vontade de reduzir as desigualdades sociais parece ter sido um poderoso remédio: ela não parou de trabalhar durante o tratamento, superou a doença e segue firme e forte à frente da Pipa Social.

Artesã confecciona peça única.
Créditos da foto: arquivo da Pipa Social.

O trabalho artesanal desenvolvido pelas pessoas da comunidade conta com a ajuda de *designers* para o aprimoramento dos produtos e confecção. Feito isso, eles são comercializados com qualidade no mercado nacional. Os artesãos também participam de encontros com profissionais renomados para estimular ainda mais o espírito empreendedor. A Pipa Social também estimula a criação de cooperativas e associações, e a formalização do trabalho com registro profissional para resgate da cidadania.

Até junho de 2017, a Pipa Social já havia montado um banco de talentos com 111 pessoas de 49 comunidades de baixa renda na cidade do Rio de Janeiro, dominadas pelo tráfico de drogas ou milícias. A quase totalidade – 99% – de mulheres entre 20 e 60 anos, com uma média de três filhos, baixa escolaridade e renda familiar até 1,5 salário mínimo no máximo (em 2017, salário mínimo = R$ 937). Até junho de 2017, 95 pessoas já foram impactadas diretamente e outras 330 indiretamente com o trabalho da Pipa Social. Segundo a Pipa, desse total, 40% tiveram aumento real de renda familiar, 45% formalizaram seus ofícios e 20% criaram uma marca própria. Cerca de

10 mil peças já foram produzidas por artesãos e artesãs do projeto, muitas vendidas em lojas multimarcas, bazares e feiras de moda.

Tuca é uma das artesãs da comunidade Santa Marta e fala sobre o papel da Pipa em sua vida: "O que me encanta é que todo dia a gente aprende uma coisa diferente e isso me dá alegria e satisfação. A cada dia acho que meu trabalho fica mais bonito, mais completo. E sempre tem alguma coisa a mais para aprender. Devo isso à Pipa Social." O sonho de Helena é multiplicar a metodologia da Pipa Social pelo Brasil todo. Mas, principalmente, conseguiu gerar trabalho e renda para todas as pessoas cadastradas no Banco de Talentos e dar visibilidade dos produtos criados por talentosos artesãos e artesãs. – Investindo em pessoas de comunidades, diminuímos o abismo entre o morro e o asfalto – diz Helena. Ela sonha em contribuir ainda mais para a redução das desigualdades sociais, com planos de internacionalização das vendas para os cinco continentes, mostrando o valor da moda e do artesanato brasileiros.

Artesãs em momento de criação de novos produtos.
Créditos da foto: arquivo da Pipa Social.

32 Praças

Uma cidade sem praça não é uma cidade. Até a menor das cidades sempre tem uma pracinha onde tudo acontece. O lugar para sentar, um banco para ler um livro, encontrar alguém, tomar um sorvete, praticar exercícios, ficar à sombra de uma árvore, deixar o tempo passar, sem pressa. É numa praça que as pessoas se conectam umas com as outras, no sentido mais básico da conexão: é onde o olho no olho e o bate-papo acontecem de verdade.

Há vida e sentimento nas praças. Quando olho os álbuns de fotos da minha infância, vejo natureza, muitas fotos de crianças correndo descalças, bolas rolando nos gramados verdinhos, bolinhas de sabão, pipoqueiro, algodão doce. É bonito de ver e gostoso relembrar. Lembro com carinho da Praça Xavier de Brito – aquela conhecida como "a praça dos cavalinhos" – e da Praça Afonso Pena, ambas na Tijuca, no Rio de Janeiro.

Algumas grandes cidades foram, aos poucos, exterminando com as praças, ou porque cederam espaço para a especulação imobiliária ou porque elas existem, mas estão abandonadas. E lugar abandonado, sujo e malcuidado não atrai frequentadores.

Moro perto de uma praça que infelizmente não tem frequentadores. Apesar de ter muitos prédios residenciais e comerciais no seu entorno, ela não tem nenhum atrativo. É uma praça sem vida. Já existiu um quiosque ali que vendia flores, mas, depois de muitos assaltos, fechou as portas. O jardim é malcuidado, não tem brinquedos para crianças, nem aparelhos para exercícios e os

237

bancos estão sempre vazios. Foi com o desejo de revitalizar essa praça, por onde passo com frequência, que conheci um projeto chamado *Praças*.

Desde 11 anos de idade, Marcelo Rebelo de Moraes participa do Children's International Summer Villages (CISV), um programa de convivência internacional de jovens que promove a educação para a paz e a amizade intercultural, para formar cidadãos globais que farão a diferença no mundo. Ele esteve em 15 acampamentos em diversos países pelo mundo, como Filipinas, Chile, Suécia, Holanda, Finlândia e em várias cidades brasileiras. A experiência no CISV foi importante para despertar em Marcelo uma visão de mundo focada na coletividade aliada ao desejo de trabalhar para gerar impacto positivo na sociedade.

Durante uma aula de geografia na escola, ele se lembra de um dia em que o tema "urbanismo" foi abordado pela professora. Havia uma atividade onde ele deveria desenhar uma cidade, realizando o planejamento das casas, dos edifícios, das escolas, dos hospitais, das ruas, praças e avenidas. Foi nesse momento que ele recorda de ter decidido o que cursar na universidade: urbanismo. Anos mais tarde, ele entrava para o curso de Arquitetura e Urbanismo de uma universidade em São Paulo. No último ano, escolheu o tema Urbanização de Favela para apresentar no final da graduação, com um projeto de plano urbanístico para a favela de Heliópolis. Pelo fato de os professores da universidade nunca terem pisado numa favela na vida, Marcelo não recebeu orientação para o trabalho do final de curso e se virou como pôde. Realizou uma série de visitas de campo e contou com a ajuda de funcionários da Prefeitura, da Secretaria de Habitação, para concluir o trabalho. Ele jamais vai esquecer de um professor da banca de avaliação que, durante a defesa do trabalho de final de curso, levantou-se e foi embora, uma vez que Marcelo apresentava aspectos positivos das favelas.

O contato com funcionários da Secretaria Municipal de Habitação rendeu um convite para se juntar à equipe da Prefeitura, justamente para desenvolver o plano urbanístico para a favela de Heliópolis e a experiência foi um sucesso. Ele participou de vários projetos de urbanismo e de construção de conjuntos habitacionais. Era um sonho virando realidade: Marcelo conseguiu aliar trabalho com geração de impacto positivo para a sociedade, o que marcou efetivamente o início de sua relação com os espaços públicos. Ele defende que o problema habitacional não se resolve apenas construindo novas casas – ao contrário do que muitos pensam – mas sim com urbanização. Numa favela, o objetivo é remover o menor número possível de moradias, priorizando as que se encontram em situação de extremo risco, o que, segundo Marcelo, não chega a 20% dos casos. Para essas, novas unidades habitacionais são construídas, mas para as demais, a solução é promover a urbanização do espaço, com implantação de infraestrutura urbana, com sistema de água e esgoto, iluminação e abertura de ruas.

Marcelo acredita que o grande desafio como urbanista é criar espaços públicos que façam sentido para a população e passou a estudar a questão da ocupação inteligente desses espaços públicos. Porém, depois de quatro anos, ele percebeu que com a burocracia, a resistência à inovação e a ineficiência, seria difícil construir uma carreira no funcionalismo público. Marcelo viu belos projetos serem engavetados sem explicação alguma, de um dia para o outro, simplesmente pela troca de gestão na Prefeitura. Diretorias inteiras foram reformuladas pela simples mudança de partidos políticos no poder. A paixão dele pelo urbanismo o fez conhecer temas como "economia criativa", "*crowdfunding*", "co-criação", "economia compartilhada", mas nada disso se encaixava na máquina pública e ele resolveu deixar o trabalho na Prefeitura em meados de 2014.

O Praças começou a tomar forma nesse momento. Marcelo não sabia exatamente como persistir no desejo de trabalhar com urbanismo a serviço dos espaços públicos, mas tinha em mente o que queria: constituir uma empresa de base tecnológica focada na melhoria dos espaços públicos. De lá para cá, ele teve que aprender sobre empreendedorismo e pensar num modelo de negócios que fosse sustentável financeiramente, sem que deixasse de gerar impacto positivo na sociedade. Realizou mutirões comunitários, ações patrocinadas por empresas até chegar no modelo que foi adotado pelo projeto, chamado Adoção Colaborativa de Praças.

239

Logo do projeto: Vida e natureza nas praças.

A cidade de São Paulo tem aproximadamente 5.000 praças, sendo considerados canteiros centrais e rotatórias com jardins. Muitos desses espaços sofrem com a falta de manutenção e com o descaso da administração pública, e acabam não atraindo frequentadores, exatamente como a Praça Pimentinha citada no início do capítulo. Para melhorar a situação desses locais, a Prefeitura lançou há algumas décadas, o programa de Adoção de Praças e, no início de 2017, apenas 10% dessas praças haviam sido adotadas. Porém, a grande maioria é composta justamente de canteiros centrais e rotatórias, tendo somente impacto visual para a população das proximidades. O projeto Praças foca apenas em praças "de verdade". A adoção colaborativa proposta pelo Praças surgiu a partir da observação de iniciativas comunitárias, nas quais grupos de moradores, associações de bairro e condomínios participam ativamente do processo de revitalização dos espaços. O que acontece é que com o passar do tempo, essas iniciativas acabam perdendo força por causa de uma série de problemas que vão desde a existência de barreiras legais para dialogar com o poder público, dificuldades de engajamento efetivo da comunidade até a falta de credibilidade e suspeitas de corrupção quando há dinheiro envolvido.

O modelo de Adoção Colaborativa de Praças é um conceito derivado da economia colaborativa, uma nova tendência que visa o compartilhamento de recursos, serviços e bens, sustentada pelo tripé pessoas-tecnologia-sustentabilidade. É uma maneira de dividir responsabilidades, resultados e benefícios voltados para a revitalização de um espaço público. O Praças estimula a criatividade das pessoas – são elas que dão as ideias para revitalização da praça – e promove um financiamento coletivo recorrente, através do *crowdfunding*. É uma assinatura mensal, na qual as pessoas físicas contribuem com valores a partir de R$ 20 e os comerciantes, a partir de R$ 100. Com a criação de uma rede social da vizinhança, há engajamento e todos se sentem parte ativa do processo de transformação, sob a coordenação do Praças. A questão do diálogo com o poder público é responsabilidade do projeto e há uma estrutura transparente de prestação de contas mensalmente, afastando o fantasma da falta de credibilidade.

A primeira praça adotada pelo modelo de Adoção Colaborativa foi a praça Villaboim, no bairro de Higienópolis, em São Paulo, no final de 2016. Em 2013, a principal árvore da praça, uma figueira que existe desde 1938 estava ameaçada de corte pela Prefeitura, sob alegação de risco de queda ocasionado por um fungo que tomou conta dela. Por pressão de moradores e comerciantes da região, a Prefeitura suspendeu o corte. Eles encontraram no Praças uma parceria para viabilizarem as melhorias que tanto desejavam. Dizia-se que não havia remédio para combater o fungo, mas um biólogo conseguiu, por adubação orgânica, revigorar a árvore central da praça.

Com o sucesso da Praça Villaboim, em março de 2017 o Praças estava em negociação para atuar em outras oito praças de São Paulo que também esperam ter seus espaços revitalizados. Além disso, mais de 100 praças estão cadastradas no *site* do pro-

A figueira plantada há quase 80 anos pelo Sr. Fernando Villaboim e seu irmão. Na foto, ele e esposa, no centro da praça que leva o nome de seu avô, em São Paulo.
Crédito da foto: arquivo do Praças.

Praça Villaboim: antes e depois da atuação do Praças.
Crédito das fotos: arquivo do Praças.

jeto aguardando sua vez. Toda praça que deseja fazer parte do projeto precisa ser cadastrada no *site*. A partir daí, o Praças realiza uma visita ao local, conversam com moradores e comerciantes para entender melhor as demandas e elaborar um orçamento. Se for o desejo da comunidade, é criada uma área específica para a praça em questão no *site* para contar com a participação e o engajamento de todos em busca da meta mínima financeira para que o projeto seja executado.

– Hoje, São Paulo não propicia o aproveitamento dos espaços porque eles estão degradados. E é uma coisa tão boba. As cidades não permitem brincar. Meu maior sonho é conseguir dar a mesma qualidade de praça tanto para o bairro mais rico quanto para o bairro mais pobre – diz Marcelo. Ele deseja, por intermédio do Praças, democratizar o espaço público, atendendo também ruas e ciclovias. Muito melhor do que criar praças e parques incríveis apenas dentro de condomínios luxuosos.

Por enquanto, o projeto funciona somente em São Paulo, mas Marcelo tem planos de levá-lo a outras cidades. Ele acompanhará a demanda pela plataforma para direcionar melhor os esforços. Marcelo tem um sonho: que o Brasil possa ser reconhecido pela excelência de praças, parques e espaços públicos em geral. A Praça Pimentinha no Rio espera sua vez também.

33 Projeto ReanimAÇÃO

Aproximadamente a cada 90 segundos uma pessoa sofre uma parada cardiorrespiratória no Brasil. São cerca de 350.000 paradas por ano no país, uma das principais causas de mortalidade. Muito mais do que a população de muitas cidades brasileiras. Infelizmente, cerca de 90% das vítimas de parada cardiorrespiratória morrem antes mesmo de chegarem ao hospital.

A parada cardiorrespiratória também é conhecida como parada cardíaca, morte súbita ou simplesmente PCR. Nessa situação, o coração para de funcionar abruptamente, deixando de bombear sangue para os órgãos do corpo. A PCR se dá através de arritmias letais, como a fibrilação ventricular (FV) e a taquicardia ventricular sem pulso (TVSP), nas quais o coração funciona de uma forma caótica, sem produzir contrações efetivas. Também pode ocorrer por atividade elétrica sem pulso (AESP), quando o coração recebe o estímulo elétrico "normal", porém não apresenta contração física, ou de uma assistolia, que é a ausência de atividade elétrica e de movimento no músculo cardíaco. Sem fluxo de sangue para o cérebro, a vítima de parada cardíaca está tecnicamente morta. Não é necessário estar doente para se ter uma parada cardiorrespiratória. Pode acontecer com pessoas de qualquer idade, ativas e saudáveis, a qualquer momento e em qualquer lugar. Foi exatamente assim que aconteceu comigo durante uma prova de corrida em abril de 2015.

Mas por que sobrevivi e não fiquei com nenhuma sequela? Não há uma resposta simples. O meu caso foi uma combinação rara de diversos fatores, uma situação muito atípica e incomum. A cada minuto parado, reduzem-se, em média, 10% as chances de o paciente sobreviver. Cerca de 4 minutos depois da parada, os neurônios começam a morrer e eu fiquei 16 minutos parado até voltar à vida. Já no hospital, fui atendido por uma equipe de médicos que realizaram diversos exames e não identificaram nenhuma causa para a minha parada cardiorrespiratória. O que fez a diferença no meu caso, foi a presença de um médico cardiologista – Dr. Bruno Bussade – que corria logo atrás de mim. E ele sabia exatamente o que fazer diante de um quadro como esse: começou imediatamente a realizar as massagens de reanimação e contou com a ajuda de outras pessoas que também corriam, uma médica ortopedista e uma enfermeira. Foi isso que reproduziu, de forma mecânica, o bombeamento de sangue pelo meu corpo, sobretudo para o meu cérebro. Bruno completou o perfeito atendimento com a utilização do desfibrilador que chegou com a UTI móvel da prova, com a aplicação de choques de reanimação em meu peito, a famosa desfibrilação. Esse equipamento é essencial para completar o atendimento.

"E se não tivesse um médico capacitado correndo atrás de mim? Quantas pessoas seriam capazes de salvar a minha vida como ele fez? Quantas sabem realizar as massagens cardíacas de reanimação?"

Bruno é médico, mas não é preciso ser médico para saber realizar as massagens cardíacas que salvam vidas. Precisei ter uma parada cardiorrespiratória para tomar a decisão de aprender a realizar as massagens cardíacas em um curso ministrado por uma respeitada organização. Ninguém precisa esperar isso acontecer para tomar essa decisão e qualquer pessoa pode aprender. É um curso formatado para "leigos", no qual se ensinam noções básicas muito importantes e suficientes para interromper uma morte. As diretrizes do ILCOR – International Liaison Committee On Resuscitation – Aliança Internacional dos Comitês de Ressuscitação – estão cada vez mais simplificadas para que leigos possam também saber realizar as massagens cardíacas de reanimação.

E por que você precisa saber realizar as massagens de reanimação? A maioria esmagadora das paradas cardiorrespiratórias acontece fora dos hospitais, nas ruas, nas residências e em locais de grande circulação de pessoas, como aeroportos, estádios de futebol e *shoppings*. Segundo dados do American Safety Institute (ASHI), esse porcentual chega a 80%. Ou seja, é bem provável que isso aconteça diante de alguém que não é médico. Além de poder ajudar alguém, você também pode sofrer uma parada cardiorrespiratória e precisar de ajuda. As manobras de ressuscitação bem-feitas podem dobrar, ou mesmo triplicar, as chances de sobrevivência do acidentado. Eu que o diga!

O *ReanimAÇÃO* é um projeto de extensão da Universidade Federal do Amazonas (UFAM), vinculado ao Laboratório de Habilidades da Faculdade de Medicina. Foi criado em julho de 2014, por Ivo Silveira, socorrista que trabalhou no Corpo de Bombeiros, na cidade de Sumaré, em São Paulo, foi para Manaus para cursar Medicina e, de volta a São Paulo, hoje é médico do SAMU 192. Ivo contou com o apoio dos médicos e professores Alexandre Miralha e Luciana Oliveira. O projeto objetiva capacitar a comunidade acadêmica – todos os períodos da Graduação de Medicina – professores da rede pública de ensino, profissionais de saúde, de segurança e população leiga em geral, com relação ao atendimento em situações de emergência, acionando a cadeia de socorro, incluindo as massagens cardíacas de reanimação e o uso do desfibrilador externo automático (DEA). A ideia é tê-los como agentes multiplicadores. Na graduação de Medicina, o conhecimento de suporte básico de vida faz parte da disciplina de Fundamentos de Atendimento ao Paciente do primeiro período, com duração de duas horas e apenas com aulas teóricas. Esse foi, inclusive, o principal motivo para que o projeto fosse criado. – Sem as aulas práticas – que utilizam manequins para realizar as massagens cardíacas – e com apenas duas horas de duração, o conhecimento não é absorvido como deveria – diz Sheila Serpa, uma das fundadoras do ReanimAÇÃO.

Todos os atuais membros do projeto – 13 pessoas – são acadêmicos de Medicina da Universidade Federal do Amazonas, que se dividem entre atividades da graduação e as atividades do projeto. Uma parte do grupo fez um treinamento com uma empresa habilitada e tem credencial internacional de Suporte Básico de Vida para profissionais. O restante fez um curso de formação de instrutores. "Somos voluntários, mas não amadores" – disse um dos instrutores de um dos cursos.

Sheila Serpa diz que a motivação para o projeto surgiu no início da sua graduação em Medicina, quando presenciou um caso de parada cardiorrespiratória no hospital, durante a realização de uma cirurgia, e não sabia o que fazer. Ela assistia a cirurgia como acadêmica de Medicina. A equipe médica que acompanhava a cirurgia realizou a massagem cardíaca e o paciente sobreviveu. O projeto a fez aprender a realizar corretamente as massagens cardíacas antes mesmo de ter um diploma: ela pretende concluir a graduação em Medicina em 2018. Desde que foi capacitada sobre como reagir em situações de emergência, Sheila já pôde ajudar duas vítimas de PCR. A primeira delas, uma senhora que chegou acompanhada dos familiares e já com o coração parado. A paciente foi levada diretamente para a sala de reanimação, e Sheila pôde revezar as massagens cardíacas com um técnico de enfermagem, enquanto o restante da equipe prestava os demais cuidados necessários com oxigênio, medicamentos e uso do desfibrilador. Durante 40 minutos, eles tentaram reanimar a senhora, que infelizmente não reagiu e faleceu. Se ela tivesse recebido as massagens cardíacas ainda em casa, as chances de sobrevivência teriam sido maiores. No segundo caso, um paciente em estado grave estava sendo preparado para uma cirurgia quando teve uma PCR na sala de emergência. Mais uma vez, Sheila aplicou as massagens cardíacas de reanimação em conjunto com os demais procedimentos médicos. Felizmente, nesse caso, após cerca de 10 minutos o paciente foi reanimado e permaneceu estável até o final do plantão. Mais uma vida foi salva.

Logo do projeto: Disseminando conhecimento que salva vidas.

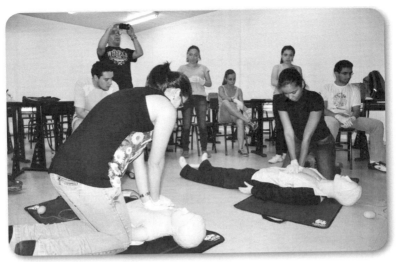

Registro de um dos treinamentos realizados pelo projeto ReanimAção.
Crédito da foto: arquivo do projeto.

O projeto tem como meta crescer e educar cada vez mais pessoas, treinando e capacitando cidadãos para que estejam preparados para o pronto reconhecimento e atendimento adequado em situações de emergência. Além de ensinar as manobras de ressuscitação, o projeto realiza atividades de conscientização sobre a importância da desfibrilação precoce – aquela desfibrilação rápida, tão logo o desfibrilador esteja disponível e sobre a necessidade de ter o equipamento em locais de grande concentração e circulação de pessoas – para os órgãos públicos e treinamentos em Suporte Básico de Vida para leigos e familiares. Após a atualização das diretrizes da American Heart Association (AHA), em 2015, o projeto realizou o "Primeiro Simpósio de Reanimação Cardiopulmonar do Amazonas", que contou com a participação de nomes que despontam no cenário nacional e mundial sobre o tema, como Sérgio Timerman e David Szpilman, por exemplo. O ReanimAção também já foi objeto de algumas reportagens educativas para a televisão, aproveitando a oportunidade para conscientizar as pessoas sobre a importância do tema.

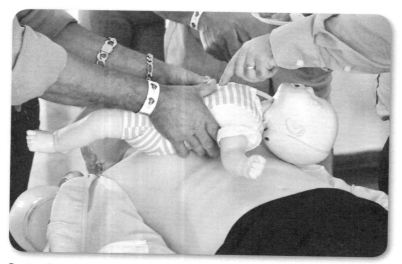

O atendimento a crianças e bebês, que exige cuidados específicos, também está contemplado nos treinamentos ministrados.
Crédito da foto: arquivo do projeto.

Para reforçar ainda mais a necessidade de expandir suas atividades, o projeto ainda precisa levantar dados que comprovem a quantidade de óbitos por parada cardíaca na região, o que de algum modo comprovará o despreparo do público em geral em situações de emergência. Existem estatísticas do DATASUS – o departamento de informática do Sistema Único de Saúde (SUS) – que contabilizam os óbitos e suas causas, mas os dados não se aprofundam, deixando de revelar o local onde a vítima teve a PCR, o sexo, a idade, o tempo transcorrido entre a parada e o início das massagens de reanimação e aplicação do primeiro choque com desfibrilador. Esses dados estão disponíveis nos hospitais, mas é preciso que membros do projeto sejam formalmente aprovados como pesquisadores pelo Ministério da Saúde e que a pesquisa seja aprovada por um Comitê de Ética para que eles sejam disponibilizados. Alguns hospitais têm seus próprios Comitês de Ética. Esse levantamento permitirá não somente sensibilizar os órgãos públicos, como também permitir a aquisição de desfibriladores externos automáticos – os DEAs. O projeto está realizando um levantamento sobre os DEAs existentes em Manaus, o que leva tempo, já que não existe um banco de dados pronto para consulta. Esse levantamento já conseguiu identificar, por exemplo, uma rede de supermercados que tem um DEA em cada uma de suas lojas.

De 2014 até março de 2017, o projeto já capacitou todos aqueles que demonstraram interesse em aprender as atividades de suporte básico à vida, não só em Manaus, mas também em outros municípios amazonenses. Para que a experiência seja produtiva, são formados grupos de no máximo 12 pessoas. Foram cerca de 400 pessoas, entre elas, donas de casa, professores dos ensinos infantil e fundamental, bombeiros civis e militares, que, durante quatro ou cinco horas, aprenderam a salvar vidas. Bombeiros civis e militares, e profissionais de resgate devem reciclar suas habilidades preferencialmente a cada seis meses, ou no máximo 12 meses.

Em novembro de 2013, a Liga Acadêmica de Trauma e Emergência do Maranhão (LATE-MA) idealizou e realizou em parceria com um centro de treinamento internacional da American Heart Association, um dia inteiro com atividades gratuitas voltadas ao treinamento de emergências do coração, no Maranhão, capacitando cerca de 600 pessoas num movimentado *shopping* de São Luís. Era o embrião para a criação do Dia Nacional de Reanimação Cardiopulmonar, em 30 de agosto de 2014. Inúmeras cidades de todas as regiões do Brasil já aderiram à ideia e estão realizando ações nesse dia para conscientizar e capacitar as pessoas a salvarem vidas. O projeto ReanimAÇÃO tem planos de participar das atividades do Dia Nacional de Reanimação Cardiopulmonar a partir de agosto de 2017.

Que cada vez mais pessoas estejam capacitadas para realizar adequadamente as massagens cardíacas que salvam vidas. Que todos possam contribuir para que a parada cardiorrespiratória não seja mais a principal causa de mortes no país. Você sabe realizar as massagens cardíacas de reanimação? Ajude a salvar vidas!

34 Raízs

Quem produz o que você come? Somos aquilo que comemos. Se nos alimentamos mal, isso vai se refletir na nossa saúde. Com o crescimento exponencial da população do planeta, foi preciso fazer a produção de alimentos disparar. É preciso produzir comida para todo mundo – e, ainda assim, infelizmente, nem todo mundo consegue comer, porque ainda há muito desperdício de alimentos: um terço de tudo que é produzido no mundo vai para o lixo todos os dias. Agrotóxicos, agroquímicos, sementes geneticamente modificadas, glifosato, neonicotinoides, adubos químicos: tudo para acelerar artificialmente o crescimento de frutas, legumes e verduras. Pela falta de tempo no mundo moderno, "engolimos" alguma coisa qualquer só para "matar a fome". E se não estivermos atentos, um dia o corpo cobra a conta... uma conta cara que nem sempre somos capazes de pagar.

A praticidade da vida contemporânea trouxe consigo também muita artificialidade. Pratos congelados, enlatados, molhos prontos, vitaminas milagrosas em cápsulas que substituem uma refeição. Tudo é feito para gente "ganhar tempo". Ganhar ou perder? Frutas, legumes e verduras que deveriam ser sempre saudáveis, muitas vezes estão entupidos de química. Segundo matéria publicada pelo jornal *El País*, em abril de 2015, o uso de agrotóxicos no Brasil atinge 70% dos alimentos *in natura* e mais da metade das substâncias utilizadas aqui é proibida, por questões de saúde, em países da União Europeia e Estados Unidos.

"Imagine tomar um galão de cinco litros de veneno a cada ano." É assim que começa a matéria do *El País*. É essa quantidade média que os brasileiros consomem anualmente de agrotóxicos, segundo dados do Instituto Nacional do Câncer – INCA. Não é à toa que os dados foram estimados pelo INCA. As pessoas estão adoecendo. O uso dessas substâncias está altamente associado à incidência de doenças graves, como o câncer.

Desde 2008, o Brasil ocupa o triste primeiro lugar no *ranking* mundial de consumo de agrotóxicos e afins. Enquanto nos últimos dez anos o mercado mundial desse setor cresceu em média 93% – o que por si só já é um absurdo – no Brasil, esse crescimento foi de 190%, de acordo com dados divulgados pela Anvisa. Mais do que o dobro que a média mundial. Em 2010, o mercado brasileiro de agrotóxicos movimentou 7,3 bilhões de dólares e representou 19% do mercado global. É muito dinheiro envolvido. Há uma pressão comercial muito forte da bancada política ruralista e da indústria do agrotóxico também. O país concede isenção fiscal para essas substâncias, incentivando ainda mais a sua utilização. Trata-se de redução do ICMS – o imposto relativo à circulação de mercadorias, isenção total do PIS/COFINS – contribuições para a Seguridade Social – e do IPI, o Imposto sobre Produtos Industrializados. O dinheiro vem sendo literalmente colocado à frente da saúde. Mas o dinheiro nunca deveria ser colocado à frente da saúde. Como usufruir bem do dinheiro sem saúde?

Mas, felizmente, tem gente colocando a saúde à frente do dinheiro. Dois jovens com vontade de mudar os hábitos de alimentação tiraram um projeto do papel. Um projeto que quer gerar empatia entre pessoas e criar vínculos: do comprador com o produtor, incentivando as pessoas a se alimentarem melhor, de um modo mais saudável.

Foi no *site* DRAFT, que conheci o projeto e os personagens deste capítulo. Recebi um convite do DRAFT para escrever uma matéria para o *site* em outubro de 2016, sobre a experiência vivida por mim naquela corrida em abril de 2015 e os impactos do evento em minha vida. A partir daí, comecei a acompanhar as novidades do DRAFT e uma determinada matéria me chamou a atenção.

Tomás Abrahão é formado em Ciência e Tecnologia pela Universidade Federal do ABC. Ele chegou a exercer a profissão de engenheiro de gestão, trabalhando com consultoria estratégica e sustentabilidade, mas era como se faltasse alguma coisa. No final de 2013, logo depois que o seu pai sofreu um infarto, ele resolveu fazer uma viagem, que começou em Bangladesh, e percorreu a Ásia e a América Latina. O evento o fez repensar a vida e a viagem veio para buscar respostas sobre o que exatamente era importante e o que o fazia feliz. Ele queria se conhecer melhor. Tomás, que já admirava o mundo dos negócios sociais, também queria conhecer o trabalho de Muhammad Yunus, o criador do conceito desses negócios sociais. Em agosto de 2014, depois de quase seis meses viajando, ele retornou ao Brasil com algumas respostas: Tomás se deu conta que a alimentação era algo extremamente importante para as pessoas em qualquer lugar do mundo. A "mesa" era algo que as conectava. Então, teve a ideia de utilizar a alimentação como ponto central de um negócio que estava idealizando. Em determinada ocasião em São Paulo, um amigo o apresentou a Bruno, que morava no México e trabalhava no Google. Depois de seis meses de conversa, Bruno veio para o Brasil para ajudar Tomás a colocar em prática a ideia que teve.

Bruno Rebouças estudou Administração de Empresas na Universidade de Brasília (UnB), e Estratégia Global & Comunicação na Era Digital, no renomado Massachusetts Institute of Technology, o MIT. Trabalhou no Google, no Brasil e no México, durante três anos. Antes mesmo de pedir demissão, ele já ajudava o projeto a distância, do México, estruturando a *Raízs* junto com Tomás. Em abril de 2016, motivado pela oportunidade de empreender e gerar impacto social, voltou para o Brasil e entrou de vez no projeto. − Queria promover uma mudança relevante no hábito de consumo e no modo de nos relacionarmos. Tem a ver com respeito, com empatia e com o coletivo. Queria trazer mais humanidade às relações − diz ele.

A razão do nome Raízs nasceu da vontade de criar raízes, conexões e vínculos. Tomás teve a experiência de atuar durante oito anos como professor voluntário de História e Sociologia no projeto de Educação de Jovens e Adultos e como professor convidado na Universidade de Havana, em Cuba, por três meses. Com o passar dos anos, percebeu um distanciamento cada vez maior entre as pessoas, um certo individualismo, e o nome veio como um desejo de reaproximar as pessoas, de retomar um sentimento perdido de coletividade.

Tomás visitou pessoalmente uma série de pequenos agricultores no interior de São Paulo. Enquanto ia conhecendo e mapeando as famílias, produtoras de orgânicos certificados – os "Pereira Primo", os "Silva", os "Xavier de Almeida" – ele também fotografava seus integrantes e registrava suas histórias. É assim que eles imaginam humanizar o projeto: em maio de 2017, 46 dessas famílias já eram fornecedoras da Raízs. A logomarca do projeto não foi criada por acaso: ela reproduz a grafia esforçada de alguém que passou mais tempo com as mãos na terra do que nos cadernos, tudo para dar à marca a cara de quem produz efetivamente os produtos que são comercializados.

CONECTANDO FAMÍLIAS
Logo: Ênfase na conexão entre quem compra e quem produz.

Não é apenas o dinheiro que move o negócio Raízs. A ética e a transparência são a base de tudo. Para eles, o lucro está diretamente relacionado com o impacto social que causam. Quanto maior o impacto social, maior será o lucro.

Juntar pequenos produtores do interior de São Paulo com pessoas querendo se alimentar de um modo mais saudável é o propósito do projeto Raízs. E eles têm planos de expansão. Usando recursos tecnológicos, criaram um *e-commerce*, no qual é possível escolher o que se quer consumir e receber em casa. Tudo é meticulosamente pensado e valoriza quem efetivamente produz os alimentos. A embalagem leva a foto e um pequeno texto da família que produziu o que é comercializado. Há também um programa, iniciado em 2017, de levar o consumidor até os locais onde são produzidos os alimentos, com o objetivo de promover mais conexão entre produtor e consumidor final. Todo mês, os consumidores podem conhecer o produtor, sua casa, colher frutas, legumes e verduras junto com ele, para entender melhor a cadeia produtiva. Podem também cozinhar e comer juntos. Todo mundo sai ganhando: o consumidor conhece de perto uma realidade bem diferente da sua e os produtores adoram e se sentem valorizados. "Queremos que os clientes compartilhem momentos de prosa e aprendizado, observando aspectos, como a diferença de ritmo, os cuidados necessários para a produção do alimento orgânico, a rotina no campo e até mesmo a diversidade cultural, trocando opiniões, sentimentos e impressões sobre o mundo em que vivemos", conta Tomás, que segue semeando junto com Bruno o futuro que pretendem colher.

Assim que formou a rede dos primeiros produtores que integrariam o negócio, eles fizeram um *crowdfunding* para levantar o montante que custearia as primeiras despesas de estoque e do desenvolvimento da plataforma. Conseguiram mobilizar doadores,

Bruno, Tomás, consumidores e produtores, numa visita ao campo.
Foto: arquivo do Raízs.

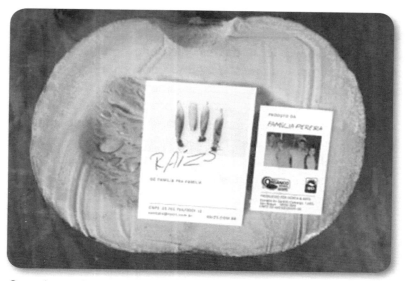

O produto vai para o consumidor com a foto da família Pereira, que produziu a abóbora.
Foto: arquivo do Raízs.

e o financiamento foi um sucesso. Mas a *startup* precisava de mais, e o aporte financeiro foi complementado com a entrada de um terceiro sócio investidor, Marco Antônio Fujihara, que foi também uma espécie de mentor para os empreendedores, e garantiu à empresa mais investimento. Negócio social, empreendedores jovens e cheio de gás, mas sem histórico comercial nem de vendas. Como conquistar os primeiros clientes? Para isso, existem os amigos. Foram eles que ajudaram a formar a primeira base de clientes, algo fundamental naquele momento. Desde maio de 2016, o *website* na internet existe para usuários desconhecidos, além dos amigos. Para garantir o frescor e evitar o desperdício, as hortaliças e grande parte dos produtos vendidos *online* só são colhidos após a confirmação do pedido. É como se você pedisse para a família "Pereira" trazer aquela abóbora para o seu jantar. As entregas acontecem, em média. 24 horas após o pedido. Hoje, a Raízs tem mais de 500 produtos orgânicos disponíveis, que podem ser comprados separadamente ou por assinatura mensal de cestas, que são entregues toda semana.

Por enquanto, as entregas acontecem apenas na cidade de São Paulo. Mas eles têm planos de expandir para o Rio de Janeiro e Curitiba. No Paraná, já começaram o mapeamento de produtores. Desde o início da operação, a Raízs já vendeu e entregou mais de quatro toneladas de alimentos orgânicos. Dez por cento do resultado financeiro vai diretamente para os produtores, para um Fundo do Pequeno Produtor. A decisão do destino do Fundo, como diz o *site* da Raízs, é tomada em conjunto com os produtores, para gerar empoderamento e a inserção deles nas tomadas de decisão. A primeira retirada já teve seu destino: foi distribuída igualmente entre as famílias produtoras. Com o Fundo, a Raízs quer motivar os pequenos produtores a pensarem sobre o próprio negócio e gerirem a verba da maneira que escolherem. Bruno descreve o desafio: "Nossa mensagem tem que ser imediata, engajadora, contar a nossa história e ter o aspecto institucional, sem esquecer que vendemos orgânicos *online*." E, assim, o Raízs vai crescendo: sem esquecer suas origens, valorizando todos os agentes da cadeia produtiva e proporcionando uma alimentação saudável para o cliente.

35 Rede Mulher Empreendedora – RME

Mulheres e homens nunca tiveram os mesmos direitos. No Brasil, em 1891, o direito feminino de voto chegou a ser avaliado pelo Congresso Nacional, mas foi negado pela maioria dos deputados que alegaram inferioridade da mulher e que isso colocaria em risco a preservação da família brasileira. Foi somente em 1932, durante o governo Getúlio Vargas, que as mulheres passaram a ter direito de voto. No início, somente mulheres casadas podiam votar, autorizadas pelos maridos a exercerem o voto, e às viúvas e solteiras, cuja renda era oriunda de seus próprios esforços. Em 1934, essas limitações deixaram de existir. Até 1964 era um direito, e a partir desse ano o voto feminino passou a ser obrigatório. Tudo que foi conquistado pelas mulheres ao longo dos anos foi com muita reivindicação e luta.

Historicamente, homens e mulheres também nunca foram igualmente remunerados para o exercício das mesmas funções com as mesmas responsabilidades. Em 2016, a diferença de salário entre homens e mulheres nessas condições chegava a quase 30%, segundo dados da Comissão Econômica das Nações Unidas para a América Latina e o Caribe (CEPAL). A diferença salarial entre mulheres e homens no Brasil é uma das maiores do mundo, e, se nada de novo for feito, o país levará longos 100 anos para que essa diferença não exista mais. Estamos muito mal posicionados: num *ranking* de 144 países, o Brasil ocupa a 129ª posição neste quesito. Essas são informações contidas no Relatório de Desigualdade Global de Gênero 2016 do Fórum Econômico Mundial.

Em novembro de 2016, participei do Primeiro Café para Mulheres Empreendedoras de Favelas Cariocas na sede da Central Única de Favelas (CUFA), em Madureira. Foi uma manhã dedicada às mulheres, e eu estava lá como ouvinte. Tirando o fotógrafo e mais alguém da CUFA, eu era provavelmente o único homem da plateia. Uma mulher abriu o evento de uma maneira envolvente e cativante. Era impossível não prestar atenção na sua fala doce e mansa, mas ao mesmo tempo forte e determinada. Era Ana Fontes.

Ana Fontes nasceu em Igreja Nova, em Alagoas, uma cidade que em 2004 tinha pouco mais de 20.000 habitantes. Teve nove irmãos. Em 1970, seus pais, semianalfabetos, se mudaram para Diadema, no Estado de São Paulo. Dois dos irmãos morreram em Alagoas mesmo, segundo ela, por questões básicas de saúde. Os pais incentivaram muito os filhos a estudarem, desejando que isso proporcionasse melhores oportunidades de vida para eles. Ela estudou, com muita dificuldade de honrar com o pagamento das mensalidades, mas conseguiu se formar na universidade. Começou a trabalhar no mundo corporativo, por onde ficou por quase 20 anos. No trabalho, sofreu preconceito por ter estudado em escolas públicas, por não falar inglês e por ser mulher. Em determinado momento da carreira, escutou de um chefe que o perfil da vaga se encaixava quase perfeitamente com o perfil dela. Quase. *"Pena que você é mulher"* – foi o que Ana ouviu. O chefe queria alguém que brigasse com os funcionários e ela tinha "cara de boazinha". Na época, não tinha a menor ideia de isso era assédio moral. Achava que o problema era seu e não do chefe. Em 2007, já mãe de sua primeira filha, não tinha tempo de conviver com ela, e, por causa da elevada carga de trabalho – uma média de 12 horas por dia – e da dinâmica inflexível do mundo corporativo, resolveu pedir demissão. Ficou nove meses em casa. Depois disso, ainda trabalhou por oito meses em outra empresa, mas chegou a definitiva conclusão que o mundo corporativo não era para ela. Em 2008, virou empreendedora. Abriu seu primeiro negócio, um *site* de elogios pela internet chamado "Elogie Aki", quando a esposa de um amigo que virou sócio estava procurando na internet um modo de elogiar publicamente uma empresa que tinha prestado um bom serviço. Ao mesmo tempo, pela adoção, teve sua segunda filha. Cometeu muitos erros, pois pouco se falava em empreendedorismo em geral, muito menos empreendedorismo feminino no Brasil. Além disso, Ana comenta que o mundo das grandes corporações não prepara ninguém para abrir uma pequena empresa. Desfez a sociedade do "Elogie Aki" por causa da inexperiência no mundo do empreendedorismo. Encontrou várias outras mulheres que também empreendiam e que também erravam na tentativa de empreender. Aprendeu com todos os erros cometidos e, por causa de sua própria história, naturalmente passou a ter como causa de vida ajudar mulheres a empreender.

Quando trabalhava no mundo corporativo, Ana comenta que não conseguia enxergar nada além da empresa. Era como se vivesse numa bolha. Foi apenas quando pediu demissão que passou a perceber que existia um mundo de empreendedorismo acontecendo e isso foi o combustível para que tomasse a decisão para ajudar mulheres a empreender. Dados revelam que as mulheres empreendem mais do que os homens, pela flexibilidade que o empreendedorismo proporciona, talvez mais desejada pelas mulheres, sobretudo as que são mães. Uma flexibilidade que o mundo das grandes corporações ainda não consegue colocar em prática. As empresas do mundo corporativo ainda exigem, em sua grande maioria, a presença das pessoas nos escritórios. Trabalhar com flexibilidade não significa trabalhar menos – é muito importante enfatizar. Ana é exemplo claro disso. Diz que trabalha mais agora do que na época em que trabalhava numa grande empresa, mas consegue gerenciar melhor o seu tempo e trabalhar de casa em horários flexíveis.

Em 2009, participou de um programa mundial da Fundação Getulio Vargas (FGV) chamado *Dez Mil Mulheres*, financiado pela Fundação Goldman Sachs, com 1.000 candidatas para 35 vagas. Ela foi uma das selecionadas. O programa tinha como objetivo atender mulheres que tem micronegócios para ajudá-las na gestão desses negócios. Foi a partir dessa experiência que Ana entrou de cabeça no mundo do empreendedorismo. Alguns anos depois acabou se tornando professora e consultora do mesmo programa do qual participou.

Ana, de vestido preto, à direita da foto, com mulheres em evento de formatura do programa Dez Mil Mulheres.
Crédito da foto: arquivo da RME.

Em 2010, fundou a *Rede Mulher Empreendedora* (RME), e é a presidente da primeira e maior rede de negócios de mulheres no Brasil, que já conta com mais de 300.000 mulheres cadastradas. Percebeu que as mulheres, mais do que os homens, investem nos filhos, na família e na comunidade onde estão inseridas. A RME é uma plataforma de fomento do protagonismo feminino pelo do empreendedorismo, gerando independência financeira e de decisão sobre seus negócios e suas vidas. A rede é gratuita e atualizada todos os dias com informações, conteúdos, dicas e notícias. As mulheres cadastram seus negócios e acessam todo o conteúdo do *site*, além de participarem de fóruns e encontros para troca de experiências com o objetivo de fortalecimento das relações. Pela RME, realiza todos os anos, em São Paulo, o evento "Fórum

Empreendedoras", que reúne mulheres de todo o Brasil e que contou com a presença de mais de 1.500 mulheres na sua última e quinta edição, em 2016. Além disso, ao longo de todo o ano, mais de 60 eventos são realizados em todo o país, cujo principal deles é o "Café com Empreendedoras", que conta com uma média de 200 participantes por edição.

Logo da Rede Mulher Empreendedora: Empoderamento feminino.

Ana acredita que faltam programas de educação e formação para mulheres empreendedoras e programas de mentores que possam orientar quem esteja começando, a exemplo do que já acontece em outros países com experiências de sucesso no empreendedorismo. Ela alerta ainda que, em geral, os brasileiros escolhem os sócios por laços de amizade e não por competência. É um grande erro, o que pode culminar com o término tanto da amizade como da sociedade em si. Ninguém avalia currículo e experiência de amigos. E não apenas a competência deve ser levada em consideração, mas também os valores de vida. A ética, por exemplo, é um valor que deve nortear a decisão no momento de escolher com quem dividir a sociedade de uma empresa. É ela que vai permear todos os relacionamentos, não apenas com o sócio, mas com clientes, fornecedores, funcionários e parceiros. É um valor de vida.

Pouco mais da metade da população mundial é formada por mulheres. Ana quer, por meio da RME, auxiliar e apoiar mulheres empreendedoras a crescerem e superarem obstáculos. Ela quer ajudar a criar e incentivar o *networking* entre as mulheres. Mais do que dominar o mundo – como muita gente comenta – Ana acredita que as mulheres vão melhorar cada vez mais o mundo em que vivemos.

36 RUAS

Talvez seja difícil imaginar não ter uma cama, nenhum móvel, eletrodomésticos, um banheiro. Tudo o que se tem é a rua. Nada mais. São pessoas invisíveis. Como será viver assim?

De acordo com a Comissão das Nações Unidas sobre os Direitos Humanos, há uma estimativa de 100 milhões de pessoas desabrigadas em todo o mundo. Isso equivale à metade da população inteira do Brasil. Essa é uma estatística surpreendente, sobretudo quando tomamos conhecimento das cidades com maior número de pessoas dormindo nas ruas.

Não ter um teto para morar não é problema exclusivo dos países subdesenvolvidos ou em desenvolvimento. Há informações de que a Europa sozinha tem 3 milhões de pessoas vivendo nas ruas. Obviamente, o problema se agrava em países subdesenvolvidos ou em desenvolvimento, mas não se restringe a eles.

Mas por que as pessoas vão parar nas ruas? Desemprego, crises migratórias, drogas, guerras, violência doméstica, ausência de políticas públicas eficazes. Os motivos são diversos. Sempre haverá uma explicação.

As 15 cidades a seguir têm as maiores populações de rua no mundo. Em algumas delas, soa estranho tomar conhecimento de que tem tanta gente sem um teto para morar. Os dados, do *site* The Richest, são de março de 2015, muitas vezes imprecisos, primeiro pela falta de interesse do poder público em levantar esses

265

dados de uma forma consistente e frequente, segundo porque cada país pode ter uma metodologia própria.

1. Manila (Filipinas) – Mais de 70.000 sem teto
2. Nova York (EUA) – 60.000 sem teto
3. Los Angeles (EUA) – 57.000 sem teto
4. Moscou (Rússia) – Cerca de 50.000 sem teto
5. Cidade do México (México) – 30.000 sem teto
6. Jakarta (Indonésia) – 28.000 sem teto
7. Mumbai (Índia) – 25.000 sem teto
8. Buenos Aires (Argentina) – 15.000 sem teto
9. Budapeste (Hungria) – 10.000 sem teto
10. São Paulo (Brasil) – 15.000 sem teto
11. Boston (EUA) – 16.500 sem teto
12. Washington (EUA) – 13.000 sem teto
13. São Francisco (EUA) – 10.500 sem teto
14. Phoenix (EUA) – 11.300 sem teto
15. Atenas (Grécia) – 10.000 sem teto

É curioso perceber que das 15 cidades com maior população de rua, existem seis cidades norte-americanas. Quando se fala nos Estados Unidos, pensamos logo em prosperidade e riqueza – é essa a ideia vendida – e por isso essa informação impressiona. Nova York, a segunda da lista, é considerada uma das cidades mais prósperas e desejadas do mundo, justamente por ser sinônimo de conforto, comodidade e bem-estar. Apesar de não figurar nessa lista, segundo dados da Secretaria de Assistência Social divulgados no início de 2017, a cidade do Rio de Janeiro tinha pouco mais de 14 mil pessoas vivendo nas ruas da cidade em 2016.

Pessoas vivendo nas ruas estão muito suscetíveis a consumirem entorpecentes, álcool e drogas sintéticas. No Brasil, muitas usam o *crack*, considerada uma droga barata e de fácil acesso. Algumas cidades têm territórios conhecidos como "cracolândias". Os sem-teto fazem uso desses artifícios para suportar viver nas ruas, por isso, qualquer tipo de julgamento é cruel. Em muitos casos, as drogas foram o motivo para terem ido parar nas ruas. Sexo precoce e doenças sexualmente transmissíveis também acontecem com frequência. São problemas que não devem ser ignorados por ninguém.

Com 15 anos, Murillo Sabino ganhou um livro do pai que o fez mudar a maneira como enxergava a vida. *Pai Rico, Pai Pobre* fala em como ganhar dinheiro para conseguir a liberdade financeira pelo empreendedorismo. Mas o que mais chamou a atenção de Murillo foi o fato de que, segundo o livro, havia uma "fórmula padrão" seguida cegamente pelas pessoas, uma espécie de "receita de bolo" para ser feliz que as tornava reféns do dinheiro. Alguns anos mais tarde, ele foi cursar engenharia de produção e seguiu um roteiro "previsível", exatamente como no livro: começou a estagiar numa grande multinacional, mas estava insatisfeito com a vida que levava. Na época, Murillo lutava jiu-jitsu e chegou a ouvir do chefe, que estava incomodado com a participação dele em campeonatos, se ele pretendia ser um lutador *ou* seguir uma carreira no mundo corporativo, como se fazer essa escolha fosse necessário. Além disso, Murillo queria deixar um legado e sabia, de algum modo, que deveria trilhar outro caminho para isso acontecer. Em 2012, pediu para sair do estágio e estava determinado a empreender, mas ainda não sabia o quê. A experiência adquirida na co-fundação da Atlética de Engenharia foi útil para ajudar a organizar os JUCS – Jogos Universitários de Comunicação Social, que aconteceriam no final daquele mesmo ano. Uma agência procurava líderes de associações atléticas para participar de programas de *trainees,* e Murillo participou, mas com um objetivo muito claro: queria percorrer diversas áreas da empresa para absorver conhecimento e depois seguir em frente no desejo de empreender. Acabou sendo aprovado e novamente entrou para uma grande multinacional. Em setembro de 2014, ele viu o *post* de um amigo – Marco Dobal – no Facebook, falando de um projeto chamado SAPO – *Somos Amigos em Prol do Outro,* que percorre o centro do Rio de Janeiro nas noites das quintas-feiras para levar sopa, roupas e artigos de higiene pessoal para quem vive nas ruas. Fez contato com o Marco e se ofereceu para ajudar e colocar a mão na massa. Na ocasião, Marco comentou que uma iniciativa similar ao SAPO estava sendo implementada no Leblon, com algumas modificações. Murillo ficou impactado e abraçou a causa. Em março de 2015, depois de ter percorrido algumas áreas da multinacional onde trabalhava, exatamente como tinha planejado, largou mais uma vez o mundo corporativo e fez um curso de Negócios Sociais Inclusivos, com um olhar no empreendedorismo. Foi aí que Murillo percebeu que o desejo de empreender fazia ainda mais sentido para ele se houvesse uma causa social por trás.

Allini Fernandes sempre sonhou em ser executiva de uma grande empresa. Estudou e batalhou muito para que isso acontecesse. Tem consciência de que abriu mão de muita coisa para perseguir esse objetivo. Ainda muito pequena – a lembrança é de 8 ou 9 anos de idade – lembra-se de ter escutado uma mensagem que tocou seu coração e desejou sair da sua cidade para levar amor para outras pessoas. O pai a levava para uma ação mensal chamada "Madrugadas com Carinho", que saía do centro do Rio em ônibus na madrugada distribuindo comida e uma palavra de conforto às pessoas, além de ações sociais como corte de cabelo, e só terminava às 6 da manhã. Um pouco mais velha, ia para a comunidade chamada "29 de Março", próximo ao bairro que morava, em Campo Grande, zona oeste do Rio e dava aulas para crianças carentes. Encenava teatro, contava histórias, brincava. Perseguiu o sonho do mundo corporativo, entrou numa grande multinacional em 2010 e a falta de tempo ocasionada pelo intenso ritmo de trabalho dos três anos seguintes a deixou incomodada por não conseguir se dedicar a levar amor para outras pessoas. No final de 2014, viu que seu colega de trabalho, Murillo Sabino, havia criado uma página no Facebook sobre um projeto social. Enviou uma mensagem, foi conhecer a ação do projeto e começou a participar das rondas à noite e também de atividades nos finais de semana, que era quando tinha tempo. Em dezembro de 2016, deixou a empresa onde trabalhava e pode se dedicar mais ao projeto.

Deborah Barrocas é tijucana e dentista, mas não sonhou em ter essa profissão desde pequena. O primeiro vestibular que fez foi para Jornalismo e Nutrição. Foi aprovada em Nutrição, mas desistiu de cursar. No ano seguinte, prestou vestibular para Odontologia – para alegria do pai dentista – e adorou o curso, tanto que terminou a graduação em 2010 e hoje se diz realizada profissionalmente. Desde pequena participava de algumas ações sociais, por intermédio da mãe que a levava. Deborah já conhecia o Murillo e, em 2014, viu no Facebook as campanhas que ele começou a criar para coletar doações para moradores de rua. Ofereceu seu endereço na Tijuca como ponto de coleta, já que não tinha nenhum na zona norte da cidade. Em abril de 2015, combinou com ele de participar de uma ação do projeto social, que terminou às 5 horas da manhã e passou a ser frequentadora assídua. Quando se deu conta, já fazia parte da equipe de gestão do projeto.

O que Murillo, Allini e Deborah têm em comum? Entre outras coisas, o amor ao próximo, em especial aos que vivem nas ruas. Eles coordenam o projeto *RUAS*, que existe desde setembro de 2014 e é a abreviação de Ronda Urbana de Amigos Solidários. As rondas noturnas, inicialmente eram itinerantes – três carros partiam do Leblon em direção à Copacabana distribuindo comida, itens de higiene e roupas. Aconteceu dessa maneira durante um ano, até outubro de 2015, quando foi criada a primeira ronda "parada" em Botafogo. A ideia era incentivar o espírito de pertencimento dos residentes do bairro pela sua conexão com as pessoas em situação de rua em seu entorno e facilitar parcerias locais de doação de alimentos, por exemplo. O modelo permitia algo que a ronda itinerante não tinha: escutar o morador de rua. Era preciso ouvi-los, já que quase nunca as pessoas escutam o que eles têm para falar. A grande maioria se afasta quando vê um por perto. – Tem gente que fala que a conversa é mais importante do que a comida – dizem eles. A ronda parada também gerou interação entre os voluntários e os moradores de rua, fortalecendo o relacionamento e criando impactos importantes para ambas as partes: moradores de rua passaram a se sentir valorizados, e voluntários deixaram de ver os moradores de rua como uma ameaça, au-

Logo: Um olhar especial para quem vive nas ruas.

mentando a sensação de segurança para todos.

A proposta do projeto é promover o bem-estar e a cidadania para quem vive nas ruas, por meio de encontros e diálogos semanais entre eles e os moradores do bairro. Mais do que comida e doações materiais, o grupo de voluntários, formado principalmente por moradores dos próprios bairros, procura levar informação e uma injeção de ânimo por dinâmicas multidisciplinares com a participação de psicólogos, médicos, dentistas, sociólogos – dependendo do tema que será abordado – que estimulam a convivência, trabalham a autoestima e desenvolvem a criatividade. Já aconteceram palestras sobre higiene, com um médico, e sobre a importância da mulher na sociedade, com uma socióloga, por exemplo. O objetivo é empoderar essa população para que eles se sintam fortes, confiantes e deixem a rua em algum momento, se assim desejarem. Reintegrá-los à sociedade baseando-se no que eles próprios desejam para si. Muitos desejam um reencontro familiar, uma recuperação química, emprego, apoio psicológico ou simplesmente uma escuta empática.

Para criar uma nova ação do projeto, os coordenadores do projeto organizam um *workshop* e convidam os moradores, pelas mídias sociais, a discutirem presencialmente e coletivamente a situação de rua do seu bairro. Isso acontece uma única vez. A partir desse momento, os moradores que têm interesse em participar do projeto se inscrevem pela página do projeto no Facebook e são convidados a estarem presentes como voluntários nos encontros que acontecem sempre no mesmo local e no mesmo horário, uma vez por semana. Cada ronda conta com cerca de 14 voluntários e começa com um pequeno bate-papo e com a distribuição de comida, onde moradores de rua e voluntários comem juntos. No final dos encontros, roupas e produtos de higiene são distribuídos para os mais necessitados. A frequência semanal permite que um histórico seja construído para acompanhamento dos casos. E a rotina dos encontros também cria laços entre os moradores de rua e os voluntários que, naturalmente, utilizam suas próprias redes de relacionamento para fomentar uma prestação de serviços gratuita. Aparecem médicos, advogados, dentistas, cabeleireiros, entre outros, contribuindo para o importante resgate da autoestima dos moradores das ruas. Deborah, por exemplo, já reuniu outros cinco colegas de profissão para avaliar os dentes de quem não pode pagar por um tratamento.

Toda atividade proposta pelo RUAS vem acompanhada de uma reflexão. O corte de cabelo oferecido numa das rondas, por exemplo, trouxe a questão da vaidade para o debate: *"Como* é que você se enxerga?"* Aqueles que cortavam os cabelos com um voluntário recebiam espelhos para refletirem suas próprias imagens e pensarem sobre o que estavam vendo.

Um censo de 2015 divulgado por um grande jornal de São Paulo, diz que 84% dos moradores de rua fazem uso de álcool e/ou drogas. Segundo dados revelados numa pesquisa de 2008 divulgada pelo Ministério do Desenvolvimento Social e Combate à Fome – atual Ministério do Desenvolvimento Social e Agrário –, a grande maioria de quem mora na rua é do sexo masculino – 82% – e sabe ler e escrever – 74%. Uma parte se tornou dependente químico depois que foi morar na rua, e 36% tiveram as drogas como causa para terem terminado nas ruas. Vinte e nove por cento tiveram como causa problemas familiares e 30%, a perda de emprego. Para aqueles que querem largar o vício, o projeto encaminha os dependentes para centros de reabilitação, por parcerias que foram firmadas. Outro dado interessante é que apenas 15% são pedintes. Os demais ganham dinheiro informalmente, reciclando materiais, como latinhas de alumínio e papel, criando artesanato, ajudando a montar feiras, etc. A Defensoria Pública e a Fundação Leão XIII também são parceiras do RUAS e ajudam a resgatar a cidadania de quem foi parar nas ruas. Muitos não têm ou nunca tiveram documentos, e o projeto atua como facilitador para a confecção ou emissão de 2ª via.

Voluntários com uma criança moradora de rua.
Foto: arquivo do RUAS.

Um voluntário e moradores de rua com seus quadros pintados durante uma ronda.
Foto: arquivo do RUAS.

"Seu" Carlos foi "descoberto" pelo projeto numa das andanças pelo Leblon. Ele estava entre a ruas General Artigas e General Venâncio Flores, quando o grupo se aproximou e notou que ele tinha algumas peças de artesanato confeccionadas com encartes de jornal. As peças eram muito bonitas e bem-feitas. O projeto conseguiu, por meio de uma parceria com uma instituição localizada em Quintino, na zona oeste do Rio, que "Seu" Carlos ensinasse, durante uma semana, sua arte para internos da casa. A ação permitiu que quem foi capacitado possa utilizar o conhecimento adquirido como fonte de renda. "Seu" Carlos recebeu gratuitamente abrigo e alimentação durante o período da oficina, e poderia permanecer por lá ao término dela, mas, por decisão própria, decidiu retornar para as ruas do Leblon.

Cheguei às 21:45 no local marcado para o início da ronda do Leblon. Allini iniciou um bate-papo com todos, explicando claramente o propósito do projeto e como aconteceriam as atividades

"Seu" Carlos e o artesanato produzido por ele.
Foto: arquivo do RUAS.

daquela noite. É um papo acolhedor e importante para que todos se sintam parte integrante do grupo. No final, demos as mãos e acredito que assim ficamos mais fortes. Depois, fomos caminhando para a Praça Cazuza, no encontro da Avenida Ataulfo de Paiva com a Rua Dias Ferreira, onde acontece efetivamente a ronda. Assim que cheguei, conheci o "Seu" Carlos. Ele estava sentado no meio-fio, com uma muleta ao lado, e me mostrou a perna machucada. Pediu uma muleta nova, o que foi anotado pelo grupo como demanda a ser atendida. Conversamos um pouco antes de nos juntarmos ao grupo, no centro da praça. O encontro começou com a distribuição de quentinhas e água. Depois que todos se alimentaram, eu pude realizar o cadastro de uma pessoa que estava ali pela primeira vez. Era Eduardo, de 47 anos, nascido na cidade de Manhuaçu, em Minas Gerais. A cidade tem pouco menos de 100 mil habitantes e fica a 290 quilômetros da capital Belo Horizonte. Ele me contou que chegou a trabalhar num frigorífico durante muitos anos no Espírito Santo, mas que depois que ficou desempregado, foi parar na rua. Contou, com muita serenidade, que faz uso de drogas. Ele quer largar o vício e também a rua. Apresentou uma identidade e registrei os dados – importantes para o RUAS poder realizar um acompanhamento para ajudá-lo – e me permitiu que tirasse uma foto dele no final. Marianna é uma voluntária que mora na Alemanha e trouxe uma atividade de origami para a noite. Ela criou o projeto *1.000 for Peace*, baseado em uma lenda japonesa. De acordo com essa lenda, quem fizer 1.000 tsurus (pássaros) de origami com o pensamento voltado para o desejo, terá esse desejo realizado. Tsuru é uma ave sagrada do Japão. É símbolo de saúde, da boa sorte, felicidade, longevidade e da fortuna. Marianna sonha em ajudar a transformar o mundo num lugar lotado de mensagens positivas por intermédio dos pássaros de origami que ela ensinou todos a fazer nessa ronda. Depois de prontos, todos tinham que escrever uma mensagem positiva e colocar na asa do pássaro. Margarida é uma menina de cerca de 5 anos que estava com sua mãe participando do encontro. Ela fez um lindo pássaro com a seguinte mensagem: "Que o mundo seja mais doce." Marianna ficou de espalhar os pássaros feitos por nós no bairro de Botafogo, mas já deixou um pendurado numa árvore no centro da praça. Antes de terminarmos a ronda, parte dos voluntários distribuiu roupas e artigos de higiene pessoal para os moradores de rua. Por volta de 1 hora da manhã, nos abraçamos e nos despedimos. Terminei minha experiência ainda mais convencido de que quem mora nas ruas precisa de acolhimento, no sentido mais amplo da palavra. Voltei para casa cansado e muito feliz.

Registro do final da ronda que participei no Leblon.
Crédito da foto: arquivo do RUAS.

Desde o início das atividades, o RUAS já realizou mais de 1.000 interações com 140 moradores de ruas, somente no Rio de Janeiro. Os resultados e as conquistas mensurados até março de 2017 merecem comemoração: sete pessoas voltaram para casa, 17 foram encaminhadas para casas de reabilitação pelo uso de entorpecentes, 13 currículos foram entregues, quatro conseguiram emprego e sete realizam trabalhos informais. Dezesseis deles receberam documentação e nove se reaproximaram de familiares.

Pelo senso de pertencimento, de maneira conveniente e transmitindo segurança, o modelo do RUAS prova sua escalabilidade com a criação de novos núcleos, inclusive fora do Rio. O projeto já chegou à Copacabana no Rio e a dois bairros de Maceió, em Alagoas, em dezembro de 2016. Há planos de chegar a mais bairros no Rio, e iniciar as atividades numa cidade do Estado de São Paulo e em Brasília.

Em 2017, o RUAS lançou uma iniciativa conhecida como *Housing First*, que como o próprio nome sugere, é de dar uma casa em primeiro lugar. A ideia surgiu no Canadá na década de 1970 e em 1992 foi implementada nos Estados Unidos durante o governo de Barak Obama. A moradia, como um direito básico do ser humano, é um ponto de partida, uma premissa necessária para dar estabilidade emocional ao participante, para que a reinserção social e a reabilitação total possam ter mais chances de êxito. A moradia em si não é garantia de abandono do vício, mas pode contribuir para a tomada de decisão. Na sequência, a iniciativa proporciona acompanhamento médico e psicológico e outros serviços que contribuem com a reinserção social, como aulas de alfabetização financeira, para que os participantes possam, em algum momento, caminhar com as próprias pernas. A partir do momento que o participante consegue um emprego, justamente para dar a noção de responsabilidade, parte dos custos envolvidos com o programa começa a ser repassada. As experiências exitosas do programa nos Estados Unidos motivam a implementação aqui no Brasil pelo RUAS: um estudo revela que lá, 98% dos participantes permanecem abrigados depois do fim do programa e que entre 75% e 90% deles conseguem se manter sem nenhum auxílio do programa. Por decisão própria, boa parte dos beneficiados decide continuar frequentando a terapia e as reuniões de apoio e suporte com profissionais especializados, como narcóticos e alcoólicos anônimos. O *Housing First* está sendo implementado pelo RUAS de forma pioneira na região, já que ele ainda não existia na América Latina.

A iniciativa "Minha História Conta", capitaneada pelo projeto, dá voz, visibilidade e conta em vídeos as histórias de quem vive nas ruas para fomentar debates sobre o tema e abordar a questão do preconceito, especialmente para aqueles que não podem viver uma experiência proporcionada pelas rondas. Todas as pessoas têm uma história de vida, assim como eu e como você. A última coisa que quem vive nas ruas precisa é de rejeição: eles precisam de ajuda. E disso, o projeto RUAS entende bem.

37 Sereias Carecas

"Autoestima: qualidade que pertence ao indivíduo satisfeito com a sua identidade, ou seja, uma pessoa dotada de confiança e que valoriza a si mesmo." Esse texto foi retirado de um dicionário. Um ser humano sem autoestima – ou com baixa autoestima – dificilmente conseguirá ter uma vida normal. Ele estará frequentemente desanimado, recluso e sem forças para fazer as coisas mais básicas da vida. O quadro pode, inclusive, evoluir para uma depressão, e muitas vezes o tratamento indicado pede a participação de psicólogos, psiquiatras e medicamentos de uso controlado. Nas mulheres, um impacto negativo na autoestima pode acontecer pela perda dos cabelos. O cabelo está associado à vaidade e perdê-los é como se a vaidade estivesse indo para o ralo.

Foi através do *Atados* que eu a conheci. Sua careca chama a atenção num primeiro momento, mas cinco minutos depois é o sorriso sempre largo e os olhos expressivos que marcam. Roberta Nascimento é Lolla Angelucci. Em 1999, ela ficou careca por causa da alopecia *areata*, uma doença autoimune que causa a perda parcial ou total dos cabelos, mas nem por isso deixou a vaidade de lado. "Ouço muito que é difícil ver uma mulher careca, porque mulher geralmente é muito vaidosa. Como se eu não fosse vaidosa" – diz ela.

Quem a conhece hoje nem imagina que ficar careca foi um processo difícil. Lolla conta que passou mais tempo chorando no banheiro do que gostaria de admitir. Na época, o único apoio que recebeu foi uma peruca. Uma peruca cara, mas muito desconfortável. No trabalho, ao longo do dia, ela ia diversas vezes ao banheiro, na cabine privativa, só para tirar a peruca um pouquinho para aliviar o desconforto e coçar a cabeça. Ela não tem nada contra perucas – é bom deixar isso claro. Lolla diz que, apesar de estar a maior parte do tempo "assumindo a careca", tem oito perucas diferentes e prontas para o uso. O que ela não gosta é de tratar a falta de cabelo como algo inadequado e impróprio de mostrar. A peruca não é a única solução para mulheres sem cabelo. Estar e ficar careca também é uma solução possível. O processo pelo qual passou, de se aceitar careca e se curtir assim, foi lento e muito solitário. Encontrar outras mulheres carecas era muito difícil, pois naquela época a internet ainda não era tão popular. Lolla frequentou grupos de mulheres com alopecia e trocou muitas mensagens com mulheres que não tinham coragem nem de tirar a peruca para dormir. Algumas sequer se olhavam no espelho sem os cabelos. Muitas vezes, percebia olhares de pena pelo simples fato de ser careca. – Acho que nenhuma mulher deveria passar por isso sozinha. Eu não gostaria que outras mulheres passassem pelo que eu passei – diz Lolla.

Em 2011, ela teve um problema de saúde. Uma polirradicuneurite, ou síndrome de Guillain-Barré, outra doença relacionada com imunidade. Foram 60 dias no hospital, sendo 30 deles na UTI. Lolla perdeu os movimentos da cintura para baixo e chegou a fazer hemodiálise durante 40 dias. Isso despertou nela uma vontade incontrolável de dar ainda mais sentido à própria vida e de aproveitá-la ao máximo. A recuperação aconteceu ao longo dos três anos seguintes, entre 2012 e 2014, quando ela aprendeu a nadar e foi redescobrindo os limites do seu corpo. Lolla passou a valorizar literalmente tudo o que acontecia na sua vida a partir desse evento: o fato de conseguir colocar os pés no chão, de poder beber água, de tomar banho no chuveiro, de andar do quarto para o banheiro, escovar os dentes. Coisas banais que fazemos automaticamente e que nem lembramos de agradecer. E, principalmente, de admirar diariamente sua careca.

Certo dia, no primeiro semestre de 2016, ela visitou o Hospital da Lagoa por conta do trabalho dela no *Atados*, na zona sul do Rio, e o coordenador de voluntariado do hospital comentou com Lolla que ela tinha um bom perfil para realizar um trabalho na quimioterapia, justamente por ser uma mulher careca, bonita, alegre e feliz. Era o que ela precisava para colocar em prática o desejo de dar ainda mais sentido à própria vida e ajudar as mulheres carecas – independentemente do motivo, por câncer ou alopecia – a trilharem um caminho diferente do dela.

O projeto *Sereias Carecas* começou efetivamente em setembro de 2016 no Hospital da Lagoa, e acontece todas as semanas, às segundas e quartas-feiras, de 8h às 10h. Através do *Atados* – a ONG que Lolla também participa – ela abriu vagas e os voluntários foram chegando. As doações de lenços também começaram a chegar – teve gente mandando lenços pelo Correio de outras cidades do Brasil – e de repente o projeto já estava funcionando a todo vapor. Lolla diz que ia ao hospital "apenas para ser legal com as mulheres, dizer que não é fácil lidar com a perda dos cabelos, mas que é possível ter uma boa relação com o espelho". Os voluntários, junto com Lolla, presenteiam as mulheres com lenços para a cabeça, colares e alguns ainda as maquiam, tudo para elevar a autoestima delas.

Cansada de personagens com cabelo, Lolla própria começou a desenhar personagens carecas. Isso também foi importante para quebrar um paradigma, pois ela não tem lembrança de nenhuma personagem mulher careca. Lolla comenta que foi praticamente um autorretrato. Liekki, uma voluntária que apareceu pelo *site* do *Atados*, criou a imagem que ilustra o projeto baseada num desenho de Lolla. Depois disso, ela também desenhou sereias carecas negras, de modo que pudesse representar toda a diversidade que existe na vida real.

A sereia: careca e linda!

Lolla abraçando uma mulher durante um encontro das Sereias Carecas: alegria estampada no rosto.
Crédito da foto: Fernando Tribini.

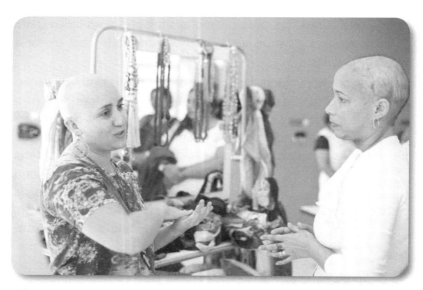
Cena normal de uma segunda-feira no Hospital da Lagoa, com o carrinho ao fundo, cheio de lenços, colares e afeto.
Crédito da foto: Fernando Tribini.

No projeto, as mulheres conseguem perceber que a vida vai muito além dos cabelos. E no trabalho de reconstrução da autoestima, elas recebem muito mais do que lenços, colares ou uma maquiagem. Recebem um olhar carinhoso, um sorriso largo, uma palavra de conforto, afeto, abraços apertados e beijos demorados. Elas recebem amor. Aliás, quando falamos de autoestima, Lolla diz que não são apenas as outras mulheres que são beneficiadas. Após cada visita, ela também sai do hospital com a autoestima nas nuvens.

38 Smile Train

Um dos problemas mais comuns de má formação congênita que uma criança pode ter é a fissura labiopalatal. Estima-se que mais de 170 mil bebês nascem com fissura todo o ano nos países em desenvolvimento. Embora não exista consenso médico sobre as causas da fissura, a maioria dos médicos acredita que elas são multifatoriais, envolvendo o uso de drogas e/ou álcool durante a gravidez, doença ou desnutrição da mãe. Uma fissura ocorre quando certas partes do corpo e estruturas não se fundem apropriadamente durante o desenvolvimento do feto. A fissura pode ser do lábio e/ou do céu da boca, que envolve tanto a parte mole quanto a parte dura do palato. Uma fissura não tratada pode resultar em graves problemas de saúde para a criança, pois ela tem dificuldade para comer, respirar, articular corretamente os sons, não consegue ouvir, sugar − tão importante para a amamentação − e é vítima de muito preconceito. Crianças com fissuras não tratadas ainda lidam com isolamento social, uma vez que quase sempre elas não podem ir às escolas ou serem membros ativos de suas comunidades. Mas, felizmente, existe uma organização dedicada para ajudar essas crianças e suas famílias.

No início de 2017, as *Bonecas de Propósito* entregaram as primeiras bonecas e bonecos com a fissura labiopalatal para a Smile Train, uma instituição internacional com o objetivo de fornecer gratuitamente para crianças a cirurgia de reparo da fissura labiopalatal e o tratamento complementar. Esse é um problema que afeta milhões de crianças em todo o mundo. A cirurgia de reparação da fissura labiopalatal é simples e a transformação, imediata. A Smile Train atua em mais de 85 países e dispõe de um modelo sustentável que fornece treinamento, financiamento e envio de recursos para capacitar os médicos locais a realizarem a cirurgia reparadora em suas próprias comunidades.

No Brasil, 1 em cada 700 bebês nasce com fissura labiopalatal, segundo dados levantados pela organização. Isso equivale a mais de 4.300 bebês por ano, ou ainda, 11 a cada dia. Presente no país desde 1999, a Smile Train Brasil já realizou mais de 27 mil cirurgias até maio de 2017, em 20 Estados brasileiros. Somente em 2017, até junho, foram mais de 3.700 cirurgias reparadoras realizadas em 46 hospitais pelas mãos de cerca de 100 cirurgiões cadastrados.

Logo do projeto: Ajudando crianças a sorrir.

Para ampliar a divulgação da causa, a Smile Train disponibiliza gratuitamente em sua biblioteca virtual milhares de páginas com conteúdo de revistas médicas, artigos e histórias para pacientes, suas famílias, profissionais de saúde, estudantes de medicina e organizações que trabalham com essa condição.

Em 2016, a Smile Train Brasil, a Sociedade Brasileira de Cirurgia Plástica (SBCP) e a Fundação IDEAH se uniram pelo segundo ano consecutivo para realizarem em outubro a Campanha Nacional de Fissura Labiopalatina. O objetivo da campanha é conscientizar a população sobre a fissura e reduzir o tempo de espera para a realização de uma cirurgia reparadora. Em 2015, o foco foi a região Nordeste do país, e, em 2016, a região Norte, concentrando atendimentos no Amazonas e Pará. A campanha se repetirá em 2017 na região Norte e em outros lugares a serem definidos. "A realização anual da Campanha Nacional de Fissura Labiopalatina representa um passo importante para aumentar a conscientização pública sobre essa deformidade congênita. Essa ação está em linha com o que a Smile Train acredita: um programa sustentável dentro de cada país que atuamos", comenta Mariane Goes, Diretora Regional da Smile Train América do Sul.

Raoni Felix mora no meio da floresta amazônica, a algumas horas de distância de barco do hospital mais próximo, numa área de proteção ambiental da tribo indígena Ticuna. Segundo dados coletados entre 2007 e 2011, existem cerca de 50 mil pessoas que pertencem a essa tribo, espalhadas pelo Brasil, Colômbia e Peru. A grande maioria – mais de 36 mil representantes – está no Brasil. Seu sétimo filho, Raoni Junior, nasceu com fissura labiopalatina.

O pai Raoni Felix com o filho Raoni Junior.
Crédito da foto: Robin Wyatt.

A notícia foi um transtorno na vida do menino e de toda a família. Por causa da fissura, Raoni Junior não tinha capacidade de sugar corretamente o leite, que escorria pelo nariz, o que o deixava permanentemente fraco. A família percebeu que as outras crianças da comunidade tinham medo dele. Somente quando o menino já tinha 2 anos de idade é que o pai foi capaz de custear uma viagem de quatro horas de barco até o posto hospitalar público mais perto. A frustração foi grande quando ele recebeu a notícia de que o posto não oferecia a cirurgia, mas a esperança surgiu quando o pai foi colocado em contato por telefone com o Hospital-Geral de Benjamin Constant, parceiro da Smile Train, que fica à oeste do Estado do Amazonas, na fronteira com o Peru. O hospital também ofereceu transporte de barco para a realização da cirurgia de reparação. Outros dois hospitais do Estado também realizam gratuitamente as cirurgias: Hospital Infantil Dr. Fajardo, em Manaus, e Hospital Padre Colombo, em Parintins. Essas parcerias permitem atender indígenas e a população ribeirinha.

Destacado no mapa a localização do município Benjamin Constant, onde fica o Hospital-Geral: entre o país vizinho Peru e o Estado do Acre.

Após a realização da cirurgia, a família foi acolhida na Casa de Saúde Indígena (CASAI), onde recebeu alimentação e hospedagem antes de retornar na longa viagem para casa. Atualmente, o menino é capaz de se alimentar sozinho e não recebe mais os olhares intimidadores de antes.

Em outubro de 2005, Michelle deu à luz os gêmeos Gustavo e Gabriel, em Aracaju, Sergipe. Ambos nasceram com fissura labiopalatina: Gustavo com fenda bilateral e Gabriel com fenda unilateral. A mãe conta que nada foi identificado durante os exames de pré-natal. Foi um choque muito grande. uma tristeza inicial Quando os viu pela primeira vez após o nascimento, ela ficou triste e teve medo de não conseguir cuidar adequadamente dos meninos. Ela relata ainda que no momento que os colocou no colo, foi tomada por um amor difícil de descrever, que a deu forças para buscar tratamento.

Através da psicóloga Ana Cecília, da Sociedade Especializada no Atendimento ao Fissurado do Estado de Sergipe (Seafese), parceira da Smile Train naquele estado, Michelle tomou conhecimento da existência da Smile Train. A Dra. Ana Cecília recomentou que ela cadastrasse os meninos na Smile Train, uma vez que a Seafese estava passando por dificuldades financeiras e não teria condições de atender adequadamente os gêmeos. A parceria firmada entre a Smile Train e a SEAFESE permitiu que os gêmeos realizassem a cirurgia.

Fotos de Gustavo e Gabriel, antes e depois da cirurgia.
Foto: arquivo pessoal da família.

— Ver cada um dos meus filhos encostar o lábio superior no inferior para falar foi uma enorme felicidade – conta a mãe. Ela encoraja ainda outras mães que tenham filhos nas mesmas condições a seguirem em frente, confiantes. Ter contato com o suporte da Smile Train foi muito importante para resgatar a autoestima dos gêmeos e proporcionar uma vida mais saudável e feliz para todos.

Em 1983, Bruna tinha apenas 4 meses de vida e já frequentava o hospital por ter nascido com a fissura labiopalatal. No Hospital Municipal Nossa Senhora do Loreto, no Rio de Janeiro, antes da chegada da Smile Train no Brasil, ela realizou a cirurgia reparadora com sucesso. Mesmo depois da cirurgia, ainda na infância, Bruna se sentia envergonhada por não conseguir falar como as outras crianças. Consequentemente, tinha um comportamento recluso e não tinha muitos amigos. O tratamento pós-cirúrgico, que durou anos, contou com fonoaudiólogos e a terapia do Coral Smile Train, permitindo que hoje ela fale e se comunique sem os problemas de antes. Sua história a fez seguir carreira na fonoaudiologia. Quando se formou em 2013, tomou a decisão de fazer especialização em voz, com o propósito de ajudar pessoas com a fissura labiopalatal. Seu filho Nicolas, nascido no final de 2014, também tem a fissura. Bruna já sabia o que fazer para o tratamento do filho: ele realizou a cirurgia reparadora no mesmo hospital que ela, que abriga o Saúde Criança Ilha, atualmente parceiro da Smile Train.

Bruna e Nicolas: história de mãe e filho com final feliz.
Crédito da foto: Cintia Erdens Paiva.

A Smile Train Brasil pretende iniciar um processo de levantamento local de recursos para manter e ampliar as atividades dos próximos anos no país. A ideia é proporcionar a realização de um número maior de cirurgias reparadoras, reduzindo o tempo de espera, e garantir que fonoaudiólogos, ortodontistas, psicólogos e outros profissionais possam auxiliar no tratamento interdisciplinar, tão importante para que as crianças que nascem com fissura labiopalatala possam ter uma vida melhor, assim como Raoni Junior, Gustavo, Gabriel, Bruna e Nicolas.

39 Solar Meninos de Luz

Educação vai muito além do que se aprende nas escolas e nas universidades. O "pacote" da plena educação é gigantesco. Muito se aprende também com exemplos de quem cria as crianças, ou simplesmente de adultos que convivem com elas, que passarão a adotar como certo o comportamento observado desses adultos. O que o adulto faz, a criança copia naturalmente. Num país onde a leitura ainda é incipiente, a televisão acaba preenchendo essa lacuna, mas nem tudo o que é exibido na telinha tem compromisso com a educação. Políticos e empresários corruptos também acabam abrindo precedentes para o comportamento inadequado da população. A boa educação não tem a corrupção como um item do cardápio. Corrupção e violência são irmãs. O sentimento que pode aflorar é o de um certo tipo de vingança. "Se eles fazem errado eu também posso fazer" – muitos pensam desse modo. Mas se eles fazem errado, faça você o certo. Eles é que precisam fazer o certo também. Quem faz certo não tem punição. A punição só existe – ou pelo menos deveria existir – para quem faz errado. E isso tudo a gente aprende desde pequeno.

O antropólogo Darcy Ribeiro já dizia em 1982: "Se os governadores não construírem escolas, em 20 anos faltará dinheiro para construir presídios". O inchaço do sistema carcerário brasileiro, constatado em 2017, corrobora a previsão de anos atrás. Estudos revelam ainda que, no Brasil, presos custam 13 vezes mais que estudantes. Para cada R$ 1 milhão investido em educação, são gastos R$ 13 milhões no sistema carcerário. Os números impressionam pela sua clareza.

O Brasil é o oitavo país com mais analfabetos no mundo, segundo dados do 11º Relatório de Monitoramento Global de Educação para Todos, da Unesco, divulgado em 2014. Mais de 13 milhões de pessoas com mais de 15 anos de idade são consideradas analfabetas no país. O número chega a impressionantes 700 milhões no mundo todo. Ainda segundo a Unesco, o Brasil faz parte de um grupo de países que investe em educação menos do que deveria.

A primeira vez que ouvi falar do *Solar Meninos de Luz* foi quando comecei a participar dos *Cantareiros*. Mas foi apenas em dezembro de 2016 que pude finalmente conhecer a obra do Solar ao participar com os Cantareiros durante a tradicional Maratona de Natal.

Na véspera do Natal de 1983, uma chuva daquelas de verão fez uma grande caixa d´água desmoronar do alto do Morro do Pavãozinho, deixando um rastro de destruição e matando 12 pessoas. Iolanda Maltaroli de Moraes Rego, moradora da Rua Sá Ferreira, lembra de ter escutado de sua casa os gritos vindos do morro naquela madrugada. Na manhã seguinte, ela subiu o morro sozinha e tomou conhecimento da gravidade da situação. Dona Iolanda retornou com seus quatro filhos, levando alimentos e roupas aos desabrigados, acolhidos na Associação dos Moradores do Pavão-Pavãozinho. A notícia da tragédia se espalhou rapidamente e a população do Rio de Janeiro logo se mobilizou, enviando mantimentos e roupas. O desespero e a dor das famílias e dos moradores do morro mobilizaram Dona Iolanda a convidá-los para uma prece a fim de aliviar seus corações. Ela voltou ao morro com as filhas Isabella e Andréa – na época, adolescentes – que realizaram atividades recreativas com as crianças, enquanto conversava e consolava os adultos. Na semana seguinte, foi com os outros dois filhos, Guilherme e Daniel, e companheiros voluntários da casa espírita que frequentava, o Lar de Teresa, que Dona Iolanda subiu novamente o morro. Isso aconteceu todos os finais de semana pelos dois anos seguintes. Os atendimentos médicos realizados por voluntários, as atividades de recreação para as crianças e as conversas com os adultos aconteciam na Associação de Moradores. Aos poucos, os desabrigados foram encontrando abrigo na casa de parentes e amigos na própria comunidade. A Associação de Moradores retomou o espaço, mas os trabalhos continuaram sobre uma grande pedra lisa que existia, localizada na frente da Associação de Moradores. Dona Iolanda nunca mais sairia do morro.

Para consolidar o trabalho de ajuda e de voluntariado aos desabrigados da tragédia da caixa d'água, alguns meses depois, o Lar Paulo de Tarso foi criado na casa da mãe de Dona Iolanda, em março de 1984. Foi por intermédio do Lar Paulo de Tarso que surgiu oficialmente o Solar Meninos de Luz. Foram realizados bazares, jantares e concertos de música para arrecadar recursos para a compra de uma casinha no Pavãozinho, que, reformada, deu lugar a um pequeno prédio de quatro andares no morro, vendido alguns anos depois para quitar dívidas. O prédio permitia que os moradores pudessem, com mais conforto, receber atendimento médico, realizar cursos profissionalizantes e fossem alfabetizados, além de permitir a continuidade do trabalho com as crianças. Com a venda do prédio, o Solar "desceu" para uma casa na Rua Saint Roman, número 142, onde antes funcionava o jornal *O Pasquim*. Nesse começo, o foco era o atendimento para a família. Mas com o tempo, Dona Iolanda percebeu que o foco principal deveria ser a criança. Foi assim que surgiu a ideia de criar um projeto de educação integral, do berçário ao ensino médio. Em 18 de agosto de 1991, foi inaugurado oficialmente o braço educacional do Solar Meninos de Luz.

Logo do projeto: Luz e proteção.

A veia social sempre esteve presente na vida de Dona Iolanda. Foi a realização de um projeto de vida de inclusão social que ela já vinha executando ao longo dos anos, mesmo antes daquela caixa d'água cair do alto do morro. Nascida em São Paulo, ela veio para o Rio de Janeiro com pouco mais de 8 anos de idade. A lembrança que Dona Iolanda tem dessa época é de uma rua de terra cheia de casas e com jardins bonitos. Toda tarde, ela reunia as crianças da rua e coordenava as brincadeiras de roda, de canto e de dança. Sempre foi muito articuladora e tinha características natas de liderança que mantém até hoje.

Já casada e mãe de quatro filhos, o marido foi transferido pelo trabalho e Dona Iolanda se mudou com a família para a Amazônia, e morou no Amapá. Longe dos grandes centros urbanos, ela viu muita pobreza e uma escola pública às margens do Rio Amazonas. Foi até a escola se colocar à disposição para dar aulas, mas teve seu pedido negado. Ela tentou na igreja. Foi conversar com o padre, pedindo um espaço para realizar alguma atividade educacional com as crianças da região, e dessa vez seu pedido foi aceito. O espaço era pequeno, mas Dona Iolanda tinha o que precisava para dar aulas de reforço escolar para as crianças que terminavam a escola e precisavam de ajuda individualizada. Como eram muitas crianças, as aulas de reforço deram lugar a atividades coletivas de educação e desenvolvimento, como pintura e corte e colagem com imagens de revistas. Certo dia, ela se deparou uma longa fila de crianças que ia da igreja até a porta da escola. Elas pediam revistas, pois nunca tinham visto uma na vida. Ela distribuiu as que tinha e começou a perceber que as crianças paravam especialmente nas páginas que tinham imagens de comida. A dura realidade da fome estava ali, escancarada, diante de Dona Iolanda. As atividades passaram, então, a contar com um lanche.

Novamente o trabalho do marido levou a mais uma mudança, e a família foi morar em Belém, no Pará. Assim que chegaram, Dona Iolanda teve contato com crianças com problemas de fala e de raciocínio. Para que pudesse lecionar, precisou fazer um concurso público para o magistério e tirou primeiro lugar. Foi trabalhar na Escola Estadual Fonte Viva, no bairro de Terra Firme que, na época, só tinha as paredes. Mobilizou campanhas e com a ajuda dos pais e de voluntários, conseguiu finalizar a escola. Foi diretora dessa escola, onde deu aulas de alfabetização para crianças. Quando retornou ao Rio, estava segura de ter deixado um legado.

296

Na década de 1970, Dona Iolanda trabalhava semanalmente como voluntária no Instituto Penal Tavalera Bruce, um presídio feminino em Bangu, na zona oeste do Rio. Durante sete anos, ela dava assistência espiritual às detentas com preces, sem pregar necessariamente nenhuma religião – Dona Iolanda faz questão de enfatizar – e levava palavras de amor e carinho. Determinado dia, ela visitou a creche do presídio e ficou estarrecida com o que viu. Encontrou colchões velhos revirados e o espaço vazio, sem nenhuma criança. Com a ajuda de amigos e voluntários, ela pediu autorização ao diretor do presídio para utilizar o espaço e montou uma creche de verdade. Ela se lembra que as presas políticas tinham um tratamento diferenciado, época da ditadura militar, e ficavam isoladas das demais. Mais uma vez, Dona Iolanda pediu autorização ao diretor do presídio para desenvolver um trabalho teatral que necessitava da participação de todas as detentas, políticas ou não. A peça se chamava "Enquanto o Visitante não Vem" – o visitante é o amor. A apresentação foi um sucesso. Por isso, ela pleiteou a participação das presas políticas na creche do presídio e cada hora trabalhada contribuía para redução da pena de condenação.

Da grande tragédia de dezembro de 1983, surgiu um trabalho que continua até hoje, em proporções muito maiores, para crianças e adolescentes dos morros do Cantagalo e do Pavão-Pavãozinho que passam entre nove e dez horas por dia no Solar. O berçário e a creche que funcionavam no prédio construído para abrigar a primeira sede do projeto foi vendido e deu lugar, ao longo dos anos, a cinco casas e a um grande anfiteatro, que comportam inúmeras atividades de educação integral. Além da grade escolar tradicional, as crianças estudam música, têm aulas de dança, de idiomas, informática, participam de oficinas de teatro e de diversas modalidades esportivas. Hoje, no Solar, as 400 crianças e adolescentes atendidos são tratados como se fossem os próprios filhos de quem lá trabalha. E isso faz toda a diferença. Desde 2006, quando se formou a primeira turma do ensino médio – já foram dez turmas formadas – todos chegaram até a universidade e já conseguiram o primeiro emprego. Esses ex-alunos do Solar, formados e empregados, são multiplicadores da boa educação, contribuindo assim para um mundo melhor para todos. São os que eles chamam de "meninos e meninas de Luz". Em 2017, o Solar comemora 33 anos de existência, já tendo beneficiado 4.500 pessoas.

A alegria de Dona Iolanda durante uma atividade externa com crianças atendidas pelo Solar.
Crédito da foto: arquivo da organização.

Em 2004, para incentivar a prática do voluntariado, o Solar criou o projeto *Meninos Solidários*, levando meninas e meninos para visitar asilos e hospitais pediátricos de câncer e abrigos para crianças. Com a participação dos pais, elas interagiam e conversavam com os idosos e levavam presentes confeccionados nas aulas de artesanato. A partir de 2016, o trabalho voluntário passou a fazer oficialmente parte da grade educacional do Solar, onde cada adolescente precisa prestar 30 horas de trabalho social por ano, sendo 12 horas na comunidade, 12 horas no Solar e seis horas em alguma instituição social externa. Os menores são incentivados a realizar campanhas de arrecadação de alimentos e material de higiene para essas instituições. O Solar ainda doa cestas básicas para cerca de 100 famílias da comunidade.

Adolescentes durante aula de inglês realizada no Solar.
Crédito da foto: arquivo da organização.

Dona Iolanda e algumas das crianças atendidas pelo projeto, num registro na década de 1990.
Crédito da foto: arquivo da organização.

Além do programa de educação integral, o Solar ainda coordena dois programas: um chamado "Família Escola", que atende cerca de 300 famílias, abrangendo cerca de 900 pessoas. A ideia é integrar a família à escola para proporcionar um melhor aproveitamento educacional para os filhos e melhores condições de bem-estar para as famílias. Com o filho no Solar durante dez horas por dia, a renda familiar pode aumentar já que pai e mãe podem trabalhar fora. O programa incentiva a participação ativa dos pais no desenvolvimento e na evolução dos filhos no Solar. O outro programa, chamado "Família Comunidade", proporciona ao público jovem e adulto da comunidade o retorno aos estudos e encaminhamento a cursos profissionalizantes, elevando a autoestima e aumentando as chances de empregabilidade. Nesse último programa, o Solar também articula ações com outras instituições para implementar ações e políticas conjuntas que beneficiem a comunidade.

O projeto de educação integral do Solar Meninos de Luz tem um lema: "Educar para Libertar". Isso diz tudo. Uma educação de qualidade é libertadora, esclarecedora e inspiradora. Depois de muitos anos com tantas realizações de impacto social, Dona Iolanda sonha em realizar ainda mais. Em 2017, com quase 80 anos de idade, ela ainda está presente nas rotinas do Solar, e quer ver o dia em que as pessoas que trabalham na casa possam ter uma renda mensal fixa e que o projeto possa ser autossustentável. No final no meu encontro com ela para escrever este capítulo, seus dois netos, Clarice e Léo, entraram na sala para beijar a avó com o uniforme do Solar. Ela não havia comentado nada. Nós entreolhamos, sorrimos e fui embora feliz.

40 TETO

"A casa de um homem é o seu castelo." A frase é do inglês Edward Coke (1552-1634) e resume a importância do direito à moradia. Ter um teto adequado para viver é uma necessidade básica e constitucional do ser humano, permitindo que cada um possa se desenvolver com dignidade. Historicamente, os grandes centros urbanos sempre atraíram pessoas atrás de empregos e, consequentemente, de melhores condições de vida. Pela falta de condições financeiras, boa parte dessas pessoas vai parar nas favelas em moradias precárias, sem infraestrutura básica. Nesses casos, a moradia não cumpre o seu papel de permitir uma vida com dignidade.

As favelas no Brasil surgiram no século XIX, com o fim da escravatura. Os negros recém-libertados, sem educação e sem emprego remunerado, não tinham como pagar por uma moradia adequada e começaram a construir barracos improvisados nos morros. Mas foi no século XX, durante a ditadura militar, que o processo de favelização acelerou. A modernização do campo com a chegada das máquinas agrícolas desempregou o trabalhador rural e o fez migrar em massa para os centros urbanos. Sem ter onde morar, esses trabalhadores também foram parar nas favelas. Uma pesquisa de 2010 do Instituto Brasileiro de Geografia e Estatística (IBGE) revelou que o Brasil contava com 6.329 favelas espalhadas pelo país, principalmente em áreas urbanas. A mesma pesquisa revelou na época que a maior favela brasileira e também da América Latina estava localizada na cidade do Rio de Janeiro: a Rocinha, em São Conrado, com quase 70 mil moradores. Se fosse uma cidade, teria população maior que 92% dos municípios brasileiros. A partir de 2013, o título passou a ser da favela Sol Nascente, em Ceilândia, com uma população estimada em torno de 100 mil moradores. Ironicamente, essa favela fica a apenas 40 quilômetros do Palácio da Alvorada, residência oficial da Presidência da República do Brasil.

Em 1800, apenas 3% das pessoas viviam em centros urbanos. Pesquisas revelam que, em 2015, mais de 50% da população do planeta já vivia em áreas urbanas. Em 2030, esse porcentual deve chegar a aproximadamente 60%. Em 2012, a ONU estimava que 1 bilhão de pessoas residia em moradias inadequadas ao redor do mundo. Nitidamente, é preciso resolver uma questão passada, ao mesmo tempo em que é importante ter um olho no futuro para evitar que o número de moradias inadequadas cresça ainda mais.

Na minha busca por projetos sociais para ajudar e participar, o *TETO* foi um dos que encontrei. Mandei algumas mensagens pelo *site* e, de vez em quando, recebia uma resposta informando sobre novas ações do projeto precisando de voluntários, mas ou já tinha outro compromisso agendado, ou quando me inscrevia já não tinham mais vagas – o que por um lado me deixava muito feliz, por saber que tanta gente já estaria participando.

Em 1997, um grupo de jovens católicos chilenos participou pelo terceiro ano consecutivo em missões da universidade em Curanilahue, uma província de Arauco, distante 600 quilômetros de Santiago, no Chile. Eles reformaram uma moradia, adaptando-a para ser uma capela. A relação desses jovens com os moradores da região durante os trabalhos os fez conhecer a pobreza em que os habitantes de Curanilahue viviam. Impressionados com o que descobriram, eles tiveram a ideia de construírem moradias mais adequadas, e iniciaram na universidade uma reflexão mais ampla sobre a pobreza e a falta de oportunidades. Assim foi criada uma organização chamada *Un Techo para Chile* que logo depois foi alterada para *Un Techo para Mi País*. Em 2001, após terremotos em El Salvador e no Peru, o projeto iniciou a internacionalização oferecendo ajuda para os desabrigados dos países vizinhos. Em 2011 teve novamente seu nome alterado para TECHO, que mantém até hoje. Nesse momento, a organização entendeu que a questão da pobreza ia muito além da moradia, e passou a ter como objetivo o desenvolvimento comunitário, para que os moradores pudessem exercer os seus direitos e entender os seus deveres.

Logo do projeto: Muito mais que um teto, dignidade.

A ideia do projeto é trabalhar pela defesa dos direitos das pessoas que vivem nas favelas mais precárias e invisíveis, engajando os moradores das comunidades e mobilizando jovens voluntários para trabalharem juntos na construção de uma sociedade integrada, igualitária e sem pobreza. O principal objetivo do TETO é promover o desenvolvimento comunitário, fortalecendo as capacidades comunitárias de identidade, organização, autogestão e trabalho em rede, por meio de um modelo de intervenção contínuo e programas e projetos que geram soluções concretas de desenvolvimento social e melhoria das condições das comunidades, justamente para que elas consigam caminhar com as próprias pernas depois do suporte oferecido. Há forte incentivo para que os moradores cobrem do poder público seus direitos básicos assegurados, como a regularização da propriedade e a instalação de serviços básicos – como rede de esgoto, luz e gás.

É a própria comunidade que autoriza o início das atividades, e o projeto se inicia com a realização de um diagnóstico pela aplicação de enquetes socioeconômicas, utilizadas para escolher as famílias que irão participar do programa de construção de moradias de emergência. Elas são de madeira, possuem entre 15m² e 18m² e demoram dois dias para serem finalizadas. A construção acontece sempre em conjunto, com o trabalho lado a lado de moradores e voluntários do TETO, com a proposta de fortalecer os laços entre todos. Na sequência, começa o trabalho de acompanhamento da comunidade com as chamadas *Mesas de Trabalho*: são reuniões envolvendo referências comunitárias, moradores e voluntários para debater os problemas em busca das melhores soluções. Em função do que foi resolvido nas reuniões, são elaborados programas e projetos a serem colocados em prática.

Em 2017, o TETO completa 20 anos desde a sua fundação, e dez anos de atividades no Brasil. Do Chile, ao longo desses 20 anos, o projeto se tornou efetivamente internacional, criando bases em outros países pela América Latina. O Coeficiente de Gini, desenvolvido pelo matemático italiano Corrado Gini, é um parâmetro internacional usado para medir a desigualdade de distribuição de renda entre os países. O TETO o utiliza como referência para identificar onde os esforços precisam ser direcionados. O Chile – onde tudo começou – tem a pior distribuição de renda dos países onde a organização tem operação. Todos os 18 países da imagem abaixo têm atualmente atividades e ações do TETO. O único país que não aparece na imagem, onde o TETO também está presente, é o Haiti: a precariedade das instituições do país não permite a coleta adequada de dados para medir a desigualdade de renda. Desde 2010, principalmente depois do terremoto devastador que aconteceu, o TETO está presente com ações que objetivam melhorar a dura realidade dos moradores. Já foram realizados estudos para atuar em países fora da América Latina, mas a organização entende que ainda há muito o que fazer por aqui antes de criar bases em outros continentes.

Para celebrar os dez anos de Brasil, uma campanha chamada *Nossa Cidade: vamos fazer da cidade uma só* foi criada, incentivando, num jogo de palavras, características, como unicidade, reciprocidade, multiplicidade e capacidade. No Rio de Janeiro, estudos de sociologia urbana criaram há alguns anos o termo "cidade partida" para se referir à divisão da cidade entre favela e asfalto, entre pobres e ricos – englobando a classe média nesse último grupo. O jornalista Zuenir Ventura lançou, em 1994, um livro com esse nome. Mais de 20 anos depois, o desafio da integração ainda permanece.

No Brasil, o TETO está presente com escritórios em quatro Estados: São Paulo, Rio de Janeiro, Bahia e Paraná. Para criar uma base física, são considerados alguns fatores como potencial finan-

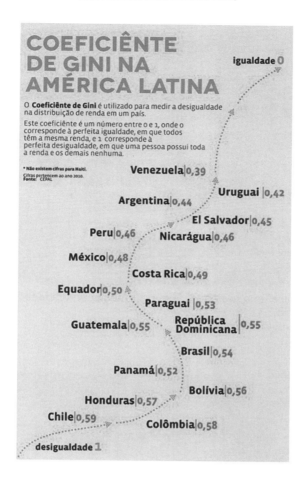

ceiro do Estado, o IDH – Índice de Desenvolvimento Humano e a logística para o fornecimento de materiais para a construção das casas. Desde 2007, nestes dez anos, mais de 2.700 moradias de emergência já foram entregues em 100 comunidades ou favelas atendidas. O TETO ainda mantém um trabalho constante em 40 dessas comunidades, e em sete delas implementou um programa de educação voltado para o incentivo à leitura das crianças. Algumas comunidades atendidas pelo projeto têm equipes fixas que, mesmo após a entrega das moradias, realizam visitas de acompanhamento para monitorar o desenvolvimento das mesmas.

Voluntários e uma moradora, em ação numa comunidade atendida pelo projeto.
Foto: arquivo do TETO.

Voluntários e o certificado de entrega de uma casa pronta a uma moradora: alegria capturada pela foto.
Foto: arquivo do TETO.

Somente no Brasil, 60 mil pessoas já foram mobilizadas para as ações do TETO. Envolvendo voluntários de fora e de dentro das comunidades, o projeto espera despertar a consciência de que a busca de soluções é uma responsabilidade coletiva, fruto de uma ação conjunta de todos, e que agir desse modo permite superar a pobreza com mais eficiência.

E o que move o TETO a apoiar as pessoas em situação de precariedade habitacional são valores como solidariedade, "estar junto", ter um olhar mais generoso para com quem precisa muito mais do que nós. Não importa a razão pela qual essas pessoas foram parar nessa situação: o importante é resolver o problema! Todos são muito bem-vindos no TETO, independentemente de etnias, classes sociais, crenças religiosas, opções políticas ou orientação sexual. A diversidade é uma riqueza para somar esforços no objetivo maior que é o de superar a pobreza extrema. O TETO vê o futuro com esperança e age no presente com a convicção de que superar a pobreza e a injustiça social é possível: acreditar nisso incentiva o crescimento do projeto. Outros Estados no Brasil devem receber novas bases físicas nos próximos anos, com base num planejamento de médio e longo prazo que está em curso. Que homens e mulheres possam chamar de "castelos" as futuras moradias que lhes serão entregues.

41 Turma do Bem

O Brasil tem aproximadamente 220.000 dentistas formados, o equivalente a 19% de todos os dentistas do mundo, segundo dados do Conselho Federal de Odontologia. É o país com o maior número de dentistas no mundo. Paradoxalmente, segundo a Pesquisa Nacional de Saúde (PNS), realizada pelo IBGE em 2013, a saúde bucal do brasileiro não vai nada bem, já que 55,6% da população não consulta anualmente o dentista. A mesma pesquisa concluiu que esse dado é uma das causas que levaram 11% das pessoas com 18 anos ou mais a perderem todos os dentes, o que corresponde a 16 milhões de pessoas. Embora nos últimos anos a população tenha tido mais acesso à odontologia por meio de políticas públicas de saúde, ainda existe muita gente precisando de um dentista. Um fator que contribui para isso é a grande concentração desses profissionais na região mais rica do país: 59% dos dentistas estão na Região Sudeste. Além disso, dois terços dos dentistas trabalham em consultórios particulares, e nem todo mundo pode pagar por uma consulta e por um tratamento dentário. Mas tem gente que pensou em quem não pode pagar por isso.

Determinado dia, em janeiro de 2017, comentei com um amigo sobre este livro que já estava escrevendo. Ele me disse que gostaria de me apresentar alguém que fazia a diferença na vida das pessoas, o que combinava com a essência do livro. Foi assim que eu ouvi falar do Fábio pela primeira vez.

O primeiro contato que Fábio Bibancos teve com realidade social foi nos anos 1970, enquanto estudava num colégio de jesuítas em São Paulo, durante a ditadura militar. Ele conta que havia duas opções de atividades fora da escola: ir para a Associação Atlética Acadêmica ou ir para favela ajudar os pobres. Ele preferiu ir para a favela, mas não com o propósito inicial de ajudar os pobres, e sim porque lá ele podia fumar. É a recordação que ele tem de ter visto "o Brasil como ele realmente é". Fábio estudou Odontologia na UNESP, uma universidade pública, e foi assim que ele tomou conhecimento dos 20 anos de ditadura militar no Brasil, entre 1964 e 1984, por conta dos professores que estavam voltando do exílio. Fábio comenta que ter vivido essa experiência o transformou num indivíduo diferente e impactou demais a sua vida. Ver professores voltando do exílio despertou nele um novo senso de politização. "Como era possível alguém ser expulso do Brasil justamente por querer um país mais justo e mais democrático?" Ele diz que, assim como a maioria dos dentistas de universidades particulares, foi formado para atender as elites em consultório particular. Tudo com bastante tecnologia e, consequentemente, caro. Quando ele soube que seria pai em 1997, foi tomado por um amor que até então desconhecia e se viu querendo transformar o mundo num lugar melhor para o filho que estava para nascer. Era uma semente para uma linda iniciativa que seria colocada em prática poucos anos depois.

Fábio não atribui o sucesso na carreira como dentista e também no projeto social que idealizou a nenhum fator mágico. Ele diz que é apenas fazer pelos outros o que faríamos pelos nossos filhos que o sucesso acontece, seja lá em que campo estivermos atuando. Esse pensamento fez com que ele tratasse seus clientes de uma maneira mais atenciosa e individualizada. Fábio diz que não queria apenas vender seus serviços, mas avaliar, pelo conhecimento que tinha dos clientes, se a venda dos serviços era oportuna. Ele não tinha horários fixos e rígidos, mas atendia cada paciente quando eles podiam. Os horários eram alternativos, o que também foi um diferencial, quando comparado com os dentistas de modo geral. – O consultório não funcionava no horário comercial. Eu que me adequava – diz ele.

"O problema do Brasil é a educação. As pessoas não sabem escovar os dentes. Não sabem passar fio dental. Ninguém ensina isso na escola." Foi para ajudar a resolver essas questões que nasceu, em 1995, o primeiro livro de Fábio, chamado *Um Sorriso Feliz para Seu Filho*, com foco na prevenção de problemas odontológicos. O livro vendeu muito, e por conta disso, ele foi convidado para palestrar em escolas particulares e públicas. A palestra era a mesma, mas a reação das plateias era diferente. No final das palestras nas escolas públicas, as mães das crianças procuravam Fábio para mostrar os dentes dos filhos, onde a prevenção já não adiantava mais. Elas diziam que nos postos de saúde ou não tinham dentistas, ou quando tinham, eles queriam logo arrancar os dentes das crianças. Então, ele resolveu reunir 15 colegas de profissão e, juntos, passaram a atender gratuitamente alguns casos graves em seus consultórios. Assim, em 2012 surgiu a ideia que hoje se tornou a maior rede de voluntariado especializado do mundo, segundo a Ashoka, uma organização mundial de apoio aos empreendedores sociais presente em 60 países e no Brasil desde 1986: o *Dentista do Bem*. O projeto tem como foco o atendimento odontológico gratuito a crianças e jovens de baixa renda, entre 11 e 17 anos, que é o período em que se estabelece a dentição definitiva. Até abril de 2017, 16.000 dentistas já faziam parte dessa rede, sendo cerca de 14.000 no Brasil, ou, ainda, quase 9% de todos os dentistas do país. Os outros 2.000 estão espalhados por 13 países que também fazem parte do projeto. Eles atendem esses jovens em seus próprios consultórios, sobretudo em tratamentos curativos, mas também educativos.

O projeto estabeleceu três critérios básicos para priorizar os atendimentos: é preciso ser estudante de escolas públicas, as que estão próximas do primeiro emprego e as com a maior quantidade de problemas odontológicos. Para viabilizar o atendimento, um *software* localiza dentistas que estejam geograficamente próximos da criança – num raio máximo de 10 quilômetros – e envia uma carta para ela e um *e-mail* para o dentista. As crianças são acompa-

Logo do projeto: Turma do bem.

nhadas pelos dentistas até os 18 anos de idade.

Manoel é um rapaz que conheceu o Dentista do Bem quando tinha entre 15 e 16 anos. Ele morria de vergonha de seu sorriso e procurava não conversar muito com as pessoas para que não vissem seus dentes. Manoel assistiu a uma palestra que falava sobre o projeto, passou por uma triagem e foi selecionado. O tratamento gratuito durou três anos. – Quando terminou, passei a me sentir *parte*. Antes, me sentia excluído – diz ele. Em 2010, Manoel foi informado pela Turma do Bem sobre um curso de Auxiliar em Saúde Bucal para preencher 24 vagas que estavam sendo oferecidas e se inscreveu. Mas o desejo de retribuir pelo tratamento que lhe foi ofertado era tão grande que, mesmo antes do término do processo seletivo, ele acabou perguntando sobre a existência de outra vaga na Turma do Bem. E assim, ele foi entrevistado e começou a trabalhar como Auxiliar Geral na Turma do Bem em outubro de 2010. Manoel se orgulha de já ter passado por diversas áreas e aprendido muita coisa. E agora ele pode sorrir sem vergonha alguma dos dentes.

Fábio não gosta que pensem que, por ter idealizado um projeto social, é um salvador da pátria. O problema de pessoas sem acesso aos cuidados com os dentes gera nele uma aflição e um entusiasmo para fazer alguma coisa. É assim que ele gosta de resumir o que faz. E ele leva para o projeto o mesmo pensamento de fazer pelos outros o que faríamos pelos nossos filhos, o que faz com que trate os pacientes da mesma maneira, seja no consultório privado, seja atendendo pelo projeto. A questão é tão importante que o "fazer pelos outros o que faríamos pelos nossos filhos" acabou se tornando um dos valores do projeto.

Em 2012, como desdobramento do Dentista do Bem, a Turma do Bem começou a desenvolver em parceria com uma empresa privada de assistência odontológica, o projeto *Apolônias do Bem*, oferecendo tratamento odontológico gratuito a mulheres vítimas de violência. Quando dão o primeiro passo para romper o ciclo da

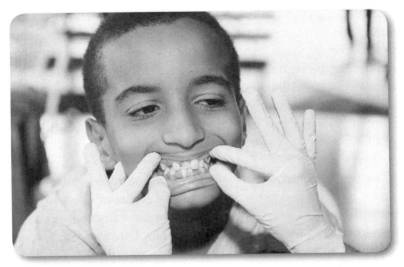

Menino durante uma triagem realizada por dentistas voluntários.
Foto: arquivo da Turma do Bem.
Crédito da foto: arquivo da Turma do Bem.

Os sorrisos do menino beneficiado pelo projeto e de sua mãe.
Crédito da foto: arquivo da Turma do Bem.

violência familiar e têm a coragem de procurar ajuda, as mulheres recebem atendimento médico, apoio psicológico e assistência jurídica, mas não têm acesso a um tratamento odontológico, como se isso tivesse pouca importância. Mas basta conversar com essas mulheres para compreender o impacto dos dentes na vida delas: muitas cobrem a boca com as mãos para falar, têm vergonha de sorrir e não conseguem emprego, um novo companheiro ou nova companheira, porque estão com os dentes quebrados. O nome Apolônia vem da personagem histórica que viveu em Alexandria, no Egito, e morreu em 249 d.C. após ser presa, espancada e ter os dentes quebrados e arrancados. Por essa razão se tornou, de algum modo, a padroeira dos dentistas e daqueles que têm dor de dente. O projeto quer, pelos dentes, resgatar a autoestima das mulheres que sofreram agressão de seus companheiros. Para receber o atendimento gratuito, a mulher precisa apresentar o Boletim de Ocorrência da agressão sofrida e passar por uma entrevista, que pode ser pelo *Skype* ou presencial. Algumas mulheres são encaminhadas também por casas de apoio para vítimas de violência ou dos tribunais de justiça ou comissões especializadas dos tribunais. A Turma do Bem tem uma parceria firmada com a COMESP – Coordenadoria da Mulher em Situação de Violência Doméstica e Familiar do Poder Judiciário, do Tribunal de Justiça de São Paulo, que coloca esses órgãos em contato com o projeto. O mesmo dentista que atende no Dentista do Bem também pode atender no Apolônias do Bem, se assim desejar. Inicialmente, o projeto começou em São Paulo, mas já está presente em outros 21 Estados brasileiros.

Por conta da filha que cresceu no meio de muita violência, Regiane frequentava a Organização Social de Saúde Casa de Isabel em São Paulo, que é um centro de apoio à mulher, à criança e ao adolescente vítimas de violência doméstica e em situação de risco. Segundo Regiane, sua filha apresentava problemas comportamentais por ter convivido muitos anos com a violência. Certo dia, em 2012, a psicóloga que acompanhava sua filha dirigiu-se à Regiane, comentando que percebia nela um comportamento que ultrapassava a barreira da timidez, muito fechado e de pouquíssimas palavras. Um rosto que sempre olhava para o chão e que evitava de todas as maneiras o contato visual. Foi quando revelou que ela própria sofria agressões físicas e psicológicas do irmão – muitas vezes presenciadas por sua filha. Os dentes quebrados eram apenas uma das marcas deixadas pelas agressões. Nesse momento, a psicóloga informou sobre um projeto que poderia oferecer um tratamento dentário, a partir de uma triagem que aconteceria em breve. Era o Apolônias do Bem. Regiane compareceu à triagem, foi selecionada e realizou o tratamento gratuitamente. Quando perguntei à Regiane o que mudou em sua vida depois do tratamento, ela silenciou alguns segundos e disse: "Quase não saía de casa, tinha horror a espelho. Não tinha coragem de me olhar nele nem para pentear os cabelos. Usava minha própria sombra na parede para fazer isso. Hoje, consigo olhar as pessoas nos olhos, me sinto segura, confiante e o horror do espelho ficou para trás. Agora, pentear os cabelos só de frente para o espelho." Na triagem que Regiane participou, eram 50 mulheres que também haviam sido agredidas. A organização da triagem perguntou quem daquele grupo estava desempregada. Ela era a única. A partir daí, Regiane foi trabalhar como recepcionista no escritório da Turma do Bem em São Paulo. Depois de alguns anos, ela tem desenvoltura na recepção e sorri para todos que se aproximam do balcão.

Fábio menciona que nos postos de saúde do Brasil não existem escovas de dentes, creme dental nem fio dental para a população, como se esses itens não fossem indispensáveis para a saúde. Há preservativos, mas não itens de higiene bucal. Muitas famílias compartilham uma única escova de dentes por família – isso quando ela existe. Há razões de sobra para que as políticas públicas de saúde sejam revistas, disponibilizando itens de higiene bucal para famílias carentes nos postos de saúde espalhados pelo país.

O modelo de negócios já foi exportado para 12 países da América Latina – Argentina, Chile, Paraguai, Bolívia, Peru, República Dominicana, Equador, Colômbia, Venezuela, Uruguai, México e Panamá – e já chegou também a Portugal. Desde o início do projeto até abril de 2017, apenas no Brasil, quase 700 mil crianças e adolescentes passaram pelas triagens da Turma do Bem e mais de 68 mil receberam tratamentos odontológicos gratuitamente. Com relação ao projeto Apolônias do Bem, de 2012 até abril de 2017, quase 800 mulheres também receberam tratamento odontológico gratuito. Fábio não para de pensar nos bilhões de pessoas em todo mundo que sofrem com problemas dentários sem perspectiva de tratamento. Com tantas realizações, perguntei com o que ele ainda sonhava: "Que a Turma do Bem deixe de existir, dando lugar para que o poder público possa assumir e resolver os problemas odontológicos da população de baixa renda."

Regiane em dois momentos: antes e depois de receber o tratamento odontológico.
Crédito das fotos: arquivo da Turma do Bem.

42 Voz das Comunidades

Em algum lugar do passado, acreditava naquilo que querem que a gente acredite: nas favelas só tem bandido. Não tenho vergonha de revelar que tinha essa crença, pois é exatamente isso que ainda vendem por aí. Os anos, a boa formação e a boa informação me fizeram não acreditar em tudo que nos "ensinam". Falar que em favela só tem bandido é o mesmo que dizer – apenas para citar um exemplo – que nas áreas mais nobres das cidades só tem gente ética e íntegra. A questão é saber onde está a verdade.

Só é ouvido quem tem voz. Muitos dos direitos coletivos conquistados por trabalhadores, minorias, comunidades e povos ao redor do mundo foram fruto de muita organização, de pleitos e reivindicações. Basta analisar a História. Numa sociedade em que normalmente quem tem dinheiro tem poder, é mais importante ainda que os que não têm dinheiro se organizem bem para que possam ser ouvidos.

Em 2015, comecei a seguir no Instagram um rapaz chamado Rene Silva dos Santos, morador da comunidade do Morro do Adeus, uma das 13 que formam o Complexo do Alemão, no Rio. O perfil dele me chamou a atenção, pois Rene luta pelos direitos de quem vive em favela – ou "comunidade", que acabou se tornando uma maneira talvez menos agressiva de se referir a uma favela. Seu pai foi gari comunitário e morreu de alcoolismo crônico aos 29 anos. Sua mãe é faxineira. A pró-atividade e o desejo de ter sua própria independência financeira já se revelavam aos 9 anos de idade, quando Rene resolveu arregaçar as mangas e vender doces na porta de casa. Na primeira postagem de seu *blog*, em janeiro de 2010, está escrito: *"Menino cria jornal para ajudar a resolver problemas da comunidade."* O jornal, – chamado *Voz das Comunidades,–* foi criado cinco anos antes, em 2005, época em que boa parte da mídia tradicional não enxergava absolutamente nada de bom nas favelas. Favela sempre foi considerada um lugar sujo, pobre e violento e sem nenhum atrativo. Os verdadeiros problemas sociais que os moradores enfrentam no dia a dia das favelas nunca tiveram muita visibilidade. Falta de saneamento básico, asfalto, iluminação, acesso, coleta de lixo – apenas para citar alguns. A ideia do jornal veio depois da experiência de participar durante três meses de um folhetim escolar que já existia na escola municipal onde estudava, a Escola Municipal Alcides de Gasperi, próximo de onde vive até hoje. Esse folhetim escolar – chamado *Jornal VIP –* circulava a cada dois meses e foi criado por alunos do grêmio estudantil para mostrar o que acontecia dentro do ambiente escolar e propondo melhorias na qualidade da educação. Em geral, quem fazia parte da equipe do jornal eram alunos dos últimos anos, mas Rene ainda estava na 5ª série. Insistiu tanto para fazer parte que venceu pelo cansaço e conseguiu entrar. Aos 11 anos de idade, decidiu criar o jornal para a comunidade em que morava, com o objetivo de contar tudo o que acontecia por lá, mostrando os problemas sociais que existiam entre sua comunidade e a escola. – *Era muito lixo pelas escadas, ruas cheias de buracos e falta de saneamento básico em muitos lugares* – diz ele.

Logo do projeto: Dando voz a quem precisa.

Rene deixa claro em seu *blog* o seu modo de pensar: *"Nossa missão aqui no mundo é ajudar o próximo: a solidariedade nasce a partir da necessidade de ajuda e da vontade de ajudar. Muita gente quer ajudar e tem disponibilidade, mas não sabe por onde começar. Procure saber se seu vizinho precisa de alguma coisa que talvez esteja ao seu alcance, se aquele morador de rua, que você ignora todos os dias, precisa de uma água, de um boa noite... Muitas vezes, são atos simples que fazem do nosso dia e de outras pessoas muito melhor!"* Por ser morador de favela, ele diz que nunca se sentiu representado pela grande mídia, que mostra na maioria das vezes notícias relacionadas com tráfico de drogas, milícias e tiroteios. Infelizmente, o morador de uma comunidade muitas vezes se acostuma a conviver com problemas que deveriam ser solucionados pelo poder público, como esgoto a céu aberto, falta de saneamento básico, de iluminação e lixo não recolhido. Rene e o *Voz das Comunidades* dão voz ao coletivo, mostrando os problemas que existem nas comunidades para cobrar soluções, mas também revelando talentos e divulgando atividades culturais.

Quando a polícia invadiu o Complexo do Alemão em novembro de 2010, Rene, na época com apenas 17 anos, narrou a

O jornal impresso pronto para ser distribuído.
Crédito da foto: Voz das Comunidades.

operação em tempo real com mais dois amigos, cada um de suas respectivas casas, pelo *twitter*. Algumas vezes, eles chegavam a corrigir informações distorcidas que apareciam na televisão. A autenticidade dos relatos, sem edição e sem cortes, fez a ação circular o mundo. Rene fez parte da lista da revista *Forbes* de 2015 como um dos 30 jovens brasileiros mais influentes com menos de 30 anos.

A iniciativa do *Voz das Comunidades* cria identidade própria nos moradores. Apenas no Complexo do Alemão, a população foi estimada em 70 mil pessoas em 2011, maior do que boa parte das cidades brasileiras. Esse enorme contingente representa uma grande rede de colaboração e um enorme mercado consumidor. Os anunciantes do jornal são da própria comunidade. Rene acredita que se os moradores se ajudarem entre si, a comunidade como um todo fica mais fortalecida.

Além do jornal impresso, o *site Voz das Comunidades* ainda dá notícias de outras dez comunidades como Cantagalo, Vidigal, Vila Kennedy, Complexo da Maré e Borel, por exemplo. Em cada comunidade, Rene tem o que chama de "parceiros locais", que ajudam a escolher as pautas junto aos moradores para as próximas edições e também nas transmissões ao vivo pelas redes sociais. Em 2005, o jornal impresso tinha uma tiragem de apenas 100 exemplares. Hoje, a tiragem mensal é de 10 mil exemplares. O *Voz das Comunidades* é distribuído gratuitamente nessas dez comunidades.

Rene acredita numa comunicação cada vez menos impessoal e cada vez mais local, comunitária e participativa. É importante saber o que acontece no mundo, mas sem deixar de lado o que acontece mais próximo de nós. A necessidade de as comunidades terem um lugar onde possam reivindicar seus direitos e relatar seus problemas é o que move Rene a seguir em frente. "Não publicamos matérias apenas para preencher as páginas de um jornal: nós cobramos das autoridades para que os problemas sejam resolvidos e as reivindicações sejam atendidas." Ele tem planos de levar o *Voz das Comunidades* para todo o Brasil. Nas andanças que fez pelo país, Rene pôde constatar que muitas outras comunidades também precisam ser ouvidas. Que todas elas também possam ter voz.

Posfácio

Achei que tinha terminado o livro, mas ainda faltavam 0,195 metros para completar essa maratona. Eis que surge então este Posfácio.

Gratidão é a palavra que me vem em mente depois de ter escrito tantas histórias e conversado com tantos personagens incríveis. Muito feliz em ter compartilhado isso tudo com você, leitor.

Ao terminar de escrever este livro, terminei também a minha primeira maratona.

Enquanto houver vida, haverá sempre esperança.

*   *   *